做 新 教 师 ， 从 教 育 发 现 开 始

EDUCATION DISCOVERY · EDUCATION DISCOVERY · EDUCATION DISCOVERY · EDUCATION DIS

· EDUCATION DISCOVERY · EDUCATION DISCOVERY EDUCATION DISCOVERY · EDU

VERY · EDUCATION DISCOVERY · EDUCATION DISCOVERY · EDU

CATION DISCOVERY · EDUCATION DISCO

EDUCATION DISCOVE

教育发现

PEIYU YOU LINGHUN DE XUESHENG

培育有**灵魂**的学生

毛杰　主编

山东文艺出版社

编 委 会

主　编：毛　杰

副主编：刘鹏利　田保华　曾昭传

编　委：王海花　高百中　薛　英

　　　　赵力勇　周文胜　孙海峰

　　　　张金庚

做有灵魂的教育

（总序）

毛　杰

　　我经常思考一个问题——我们是"教育人"，从事的是教书育人的工作，那么我们究竟要做什么样的教育，怎么做教育？也就是说教育的灵魂是什么，怎么做有灵魂的教育？我想就这个问题和大家进行探讨和交流。

为什么要做有灵魂的教育

　　近年来，从社会对"虎妈""狼爸"的热议到对"绿领巾"事件的抨击，从上海学生在国际 PISA 考试中的大获全胜到北京的小学足球队以 0∶15 惨败给俄罗斯的小学，从对"钱学森之问"的反思到对中学魔鬼训练营的讨伐，无不折射出教育面临的种种冲突和迷茫。这一切的背后也反映出社会对教育培养目标、培养方式等等的困惑和质疑，不能不引发我们的深思。

　　反观教育的现状：一方面从社会大环境来看，我们经常遭受社会的诟病，我们委屈地说自己是在戴着镣铐和面具跳舞，把一切罪责归结给教育体制、用人机制和家长诉求；另一方面从教育内部来看，我们尽管对"教书育人""育人为本""德育为先"等话语耳熟能详，也从心底知道应该那样做，但在实际的教育活动中，评价学校的质量还是以升学率为重要标准，检验学生的好坏还是以成绩为主要依据，教师和学生成为绑在高速运转的中招、高考战车上疲于应付的教练和斗士。

再看看我们身边的现象：早晨 7 点，在路上行走的除了晨练的老人就是学生和送学生上学的家长；深夜窗口亮着灯光的一定是那些家有学子的家庭；周日人头攒动的场所除了公园和商场就是各类补习班；学生上完校内的晚自习，还要上校外的补习班；为了一本等级证书，家长领着孩子去学书法、学钢琴、学舞蹈；为了一块奥赛奖牌，孩子拼命地学习数学、物理、化学、计算机……

在这样的教育氛围中，学生的确掌握了许多知识，但未必领略过什么是乐此不疲的兴趣、豁然顿悟的快意、悠然心会的体验。接受教育成了一种无奈，学习本身也成了一种手段。高考一结束，他们中的一些人，则将书本和练习册统统付之一炬，庆贺"苦难日子"的结束和"自由生活"的开始。我们不得不承认，在一定程度上，教育已经蜕化为急功近利的手段，教育在很大程度上不再是以人为本、以学生为本，而成为以功利为本了。面对没有灵魂的教育，学生只能从丧失自由开始，以接受束缚告终。

那么，什么样的教育才是有灵魂的教育呢？

什么是有"灵魂"的教育

温家宝同志在视察澳门大学时曾谈及什么是好的大学，他说："好的大学在于有自己独特的灵魂，这就是独立的思考、自由的表达。"好的教育何尝不是如此？没有自己独特灵魂的教育，常常扭曲、变异成为别的东西。

要追求有灵魂的教育，首先要寻教育之魂；要寻教育之魂，首先要解教育之义。从词义寻源：教，上所施，下所效也；育，养子作善也；教，即传道、授业、解惑；育，乃是饱含希望与情感、春风化雨式的从精神上影响和塑造学生的行为。

对于什么是教育的灵魂，德国哲学家、教育家雅斯贝尔斯在《什么是教育》一书中说道："教育是人的灵魂的教育，而非理性知识和认识的堆积。教育本身就意味着：一棵树摇动另一棵树，一朵云推动另一朵云，一个灵魂唤醒另一个灵魂……如果一种教育未能触及人的灵魂，未能引起人的灵魂深处的变革，它就不成其为教育。"华东师范大学李政涛教授在《有灵魂的教育意味着什么》一文中也写道："有灵魂的教育意味着追求无限广阔的精神生活，追求人类永恒的终极价值：智慧、美、真、公正、自由、希望和爱，以及建立与此有关的信仰，真正的教育理应成为负载人类终极关怀的、有信仰的教育，它的使命是给予并塑造学生的终极价值，使他们成为有灵魂有信仰的人，而不只是热爱学习和特长的准职业者。"著名学者周国平认为"人文精神是教育的灵魂"。人文精神是什么？就是"以人为本"。也就是说，要把人放在最重要的位置上，要尊重人的价值。具体到教育上，就是要把人身上的那些最宝贵的价值通过教育实现出来，"教育的根本使命就是要实现人之为人的价值"。

《国家中长期教育规划改革和发展纲要（2010－2020 年）》把"坚持以人为本、全面实施素质教育"确定为教育改革发展的战略主题，把素质教育的本质定位为"要面向全体学生，促进学生的全面发展，着力提高学生服务国家服务人民的社会责任感、勇于探索的创新精神和善于解决问题的实践能力"，并提出从三个方面进行落实："德育为先，能力为重，全面发展"。

今天我们的教育似乎迷失了自身的宗旨，迷恋于求知带来的功利之中，迷恋于稍有成绩就要包装的功利场中。学校本来不是工厂，却按照工厂的模式生产出批量的标准件；学校本来不是军营，却进行军事化管理，训练出循规蹈矩的个体；学生本来不是动物，却被当作动物园的观赏物关在笼子里，缺乏灵性，失去自由。

要追求有灵魂的教育，要寻找教育独特的灵魂，只有让教育从功利包围圈里突围出来，只有在赋予受教育者自由表达之天空、独立思考之能力的过程中，教育，才会真正成为"教育"。我个人认为，理想的教育应该是有灵魂的教育，有灵魂的教育就是以学生发展为本，面向全体学生，尊重学生个性，启迪学生智慧，润泽学生心灵，成就幸福人生。

怎么做有灵魂的教育

真正的、良好的教育应该是有灵魂的教育。教育如果有了灵魂，那么它必定引领受教育者追求无限广阔的精神空间，必定激发受教育者追求人类永恒的终极价值，不只是关注在校期间的"成功"，而且关注走上社会后的发展；不只是关注受教育者知识和技能堆叠的高度，而且关注他们潜藏于灵魂深处的情感态度、意志品质涵养的厚度。

教育应关注每一位学生生命的成长。哲学家卢梭说过："教育即生长。"一个人也许不懂得欣赏名画《维纳斯的诞生》，但他仍然可以是一位好公民；一个人也许不懂得高等数学，但他仍然可以是一位好公民；一个人也许不知道兰姆的散文笔法，也不知道欣赏莎士比亚的戏剧，但他仍然可以是一个好公民……这就昭示了教育的内在真谛：教育不仅仅是知识的教育，更应为生命奠基，成全每一个生命的灿烂，丰富每一位学生的精神花园，这，才是有灵魂的教育！

教育必须关注学生，以学生为本。做有灵魂的教育，必须树立"以人为本"的教育观，因为教育的对象是有生命、有思想、有感情的"人"，我们要培养的是一批"有知识和智慧、有目标和信仰、有规范和道德、有欲望和理想"的人，"人"的教育是教育的出发点和归宿。

学校是增长人的智慧的地方，是点燃理想和希望的地方，是焕发生命中最美情感的地方，是净化心灵的地方，是塑造灵魂的地方。教师对学生要有爱心，必须以一种宽容、理解和接纳的态度来认识和看待学生，从人性化的角度去理解、教育学生，用心的钥匙，开启每一个学生心灵的大门，学生才会有腾飞的希望。朱小蔓教授曾说："育德是教育的灵魂"，我们培养的学生应是道德高尚的人，有灵魂和信仰的人，教育的终极目标是培养能够在未来社会生存和发展的、具有健康身心的"人"。教师的天职是教书育人，教书只是过程，育人才是最终目的和结果。

我们要做有灵魂的教育，就必须改革。新课程实施以来，我们各个学校也在进行着课堂教学改革。改革必须符合教学规律，改革必须是以道德课堂的追求为目标，以教师教育能力的发展为着眼点，以学生的幸福成长为本。如果改革的理念在实践中并未促进教学质量的提升，并没受到教师的欢迎，并没有减轻学业成绩给学生带来的巨大精神压力，那么这样的改革就没有生命力；改革必须是从有违教育本质或反教育的做法回归到遵循教育规律的运行轨道上，改革应有助于提高校长的领导水平和教师驾驭课堂的能力，有助于提升学生的素质，而不是让他们产生对教育作用的怀疑和对自身能力的困惑。

教育需要放手，让有教育理念教育思想的校长在他的试验田里实验，不唯升学率论英雄，允许他们像陶行知先生那样去实践自己的教育理想。

校长需要放手，让有教育思想的教师在他的班级里培养出他想培养的孩子，不以中考成绩论成败，允许他们像郑渊洁培养自己的孩子一样去教育他的学生。

教师需要放手，让每一个孩子自由发展，允许差异的存在，不唯分数论好坏，让孩子做他愿意做的事情，允许他们像钱锺书、韩寒一样数学考零分。

今天，即使我们带着镣铐，也要跳出优美的舞姿；我们既要面对现实，更要坚持理想。为了我们共同的教育信仰，我们有责任也有能力为之奋斗，努力实现理想的教育目标——追求有灵魂的教育，办有灵魂的学校，做有灵魂的教师，推进有灵魂的教学，打造有灵魂的班级，培育有灵魂的学生！

目 录

策略篇

叙事篇

理念篇

　　教育是人的灵魂的教育，而非理性知识和认识的堆积。教育本身就意味着：一棵树摇动另一棵树，一朵云推动另一朵云，一个灵魂唤醒另一个灵魂。

——雅斯贝尔斯

育有灵魂的学生

田保华

在这个庄严的时刻，我要告诉大家，我们接受的是什么样的教育！根据调查，中国孩子计算能力世界第一，创造能力世界倒数第一，没有一个诺贝尔奖是因接受中国教育而获得的，泱泱大国，亿万学子，能不害羞？这难道就是我们接受16年教育的结果吗？我们不能只为父母的理想而努力，应该有自己的理想。这种变味的教育，受了能有什么用呢？就是考上大学能如何？找到工作又如何？我们不是机器，即使是机器，学校也不该把我们当成追求升学率的工具！

在这样的教育下，我们都在争取什么呢？都变成了什么人呢？如何树立远大理想？请先给我们以自由生活，请先还我们快乐成长的时光！

这是几个月前，在南方某中学周一的升旗仪式上，演讲的学生悄悄换掉学校领导已经把过关的稿子，突然发表的抨击中国当今教育制度的一段演说。这个突如其来的演讲震撼了全校三千多名师生，影响波及全国。尽管他讲话的场合和时机不是那么"适宜"，但是，他敢讲真话的勇气值得肯定，敢于质疑的精神可嘉，讲出的道理值得思考！

他是一个有着独立思考和质疑精神的学生！我认为：这是新课改的成果！我们培养出来的学生不应该有自己的独立思考吗？不应该有质疑精神吗？

2012 年 5 月 19 日，温家宝同志在自己的母校——中国地质大学（武汉）的即兴演讲中，有这么一段意味深长的话："一所学校最重要的，是要倡导自由之精神、独立之思想。青年学生要有自己独立的思考，这是最宝贵的……在母校的学习，使我养成了从不迷信权威的习惯，遇事总是要问一个为什么，通过自己，探寻追求真理的脚步。"

温家宝同志这段看似简短的话语，道出了教育的实质：培养人独立思考的能力和意识。为什么独立思考对人的成长意义非凡？法国思想家帕斯卡尔曾就"思考对人成为人、对人具有人的属性的价值和意义"有过精辟的论述：人，全部的尊严就在于思想（思考）……

是的，人确实生来就是要思考的。思考确实是人类的全部尊严之所在。如果一个人失去了思考的能力，那么，他不是丧失了生命，就是一个徒具生命形式而缺乏精神活动的植物人。然而，具有思考的能力却并非意味着一个人愿意去思考，能独立地思考。孔子曾批评过那种"学而不思"的人，这种人只知道运用自己的大脑去记忆、复制某些知识和言论，而没有真正地思考。这种思考不是仅仅指人的大脑的运动，而是指人独立的思考。

所谓独立的思考，简单地说，就是不人云亦云，不去简单复制书本上的知识和别人的言论，不迷信权威的说法和论断，不被大众的舆论和主流的评论左右，而能在自己深刻理解、充分思考的基础上提出自己独特的想法和见解。如果没有真正的理解，只是凭一些感觉和感受去评说和下论断，自己就易于陷入迷惑，即孔子所说的"学而不思则罔"，就更谈不上独立的思考了。

　　如果说"能不能思考"是人和其他生物的区别，那么，"能不能独立地思考"就是一个人"有没有思想""有没有灵魂"的标志。

　　人类社会的发展史是一部创新史。没有创新，人类就不可能发展，社会就不可能进步。教育是培养创新精神和创新人才的摇篮，教育在培育民族创新精神和培养创造性人才方面肩负着特殊使命。

　　有自己独立的思考，才会有质疑，才会敢质疑。质疑精神作为创新精神的首要构件，是获得创见的第一关。质疑方能创新，创新必先有疑，有小疑则有小进，有大疑则有大进。因此，要培养创新精神，首先要从培养学生的质疑精神开始。所谓质疑精神，就是学习者在强烈好奇心驱使下，敢于独立思考，勇于设疑问难，能够大胆陈述意见，激烈讨论，爱追根究底，具备探索并开拓未知领域的精神。爱因斯坦说过："提出一个问题往往比解决一个问题更重要。"我国学者程颐说过："学者先要会疑。"敢于质疑，是创新精神的重要源泉，也是创造活动的萌芽。

　　课堂教学是培养学生学会思考的重要场所，教师承担着培养学生学会思考的重要任务。可是，我们有的学校、有的教师培养出来的学生，却没有思考、不思考、不会思考！

　　学生为什么不思考？因为老师经常会代替他们说出老师需要的思考。简单粗暴的教学方式，抹杀了孩子思考的权利。

　　学生为什么不思考？因为老师从来不让他们充分地思考。一分钟的时间，能够形成一个什么样的思考？人为地磨平"棱角"，忽略了思考自身的价值。

　　学生为什么不思考？因为老师从来不理会他们的思考，只选择了个别能够配合教学进度的思考。记忆式的教学模式，成了学生不堪忍受的负担。

学生为什么不思考？教师都没有思考，又能给学生带来什么思考？

课堂教学如何培养学生的独立思考的能力和敢于质疑的精神呢？一是激发学生的好奇心。好奇心是对新鲜事物或未知领域进行探究的一种心理倾向，是创造性活动的内驱力之一。在教学中，教师应经常为学生创设引起观察和探索的新异情境，善于提出难易适中而富有启发性的问题，并引导他们自己去发现问题或寻求答案，促进其思考，从而在满足其求知欲的同时，培养其质疑精神。二是培养学生的自信心。自信心是质疑精神的心理依据。魏书生鼓励学生："要坚信自己有巨大的潜能"，"放声高呼，我能成功"，"只要信心之火不熄，大器可以晚成"。的确，纵观古今，大凡为人类做出一定贡献的创造发明者无一不是善于质疑、充满自信的人。要培养学生的质疑精神，就必须保护和培养学生的自信心。有了自信心，学生才敢于独立思考，才敢于捕捉疑问，并坚持不懈地去努力解决疑问。三是培养学生的情感意识。列宁说过："没有人的情感，就从来没有，也不可能有人对真理的追求。"情感具有一种内驱力，积极的情感能调动学生的学习兴趣。因此，课堂上教师必须创设一种尊重、关爱、民主、和谐的学习氛围，用真诚亲切的微笑、和蔼可亲的教态、饱满的精神、良好的情绪，不断增进师生间的情感交流，使学生敢于质疑、主动质疑。四是培养学生的寻疑意识。质疑先要寻疑。课堂教学中，教师要善于引导和激发学生寻疑的兴趣，肯定学生的寻疑行为，让学生善于寻疑、乐于寻疑，让寻疑逐渐地变为思维的重要特征。

人的特性无他，能思考而已；教育的实质无他，引导、提升独立思考的品质而已。我们应该做的是"让学生生活在思考的世界里"，在审美愉悦中，培育创新的土壤，让其思维进入最佳的心理状态；在和谐的师生关系中，激活创新的潜能，让其情感点燃智慧的火花；在观察与想象中，拓宽创新的空间，让其思维插上翅膀；在学科训练中，培养扎实的实践能力，为其创新打下必要的基础。让学生在学习成长过程中，不断增强和提升独立思考的意识和能力，具备勇于质疑的意识和精神，养成独立思考和勇于质疑的习惯，做自己的主人翁，成长为会独立思考、敢质疑、会创新、有追求、勇于担当的一代"有思想""有灵魂"的学生！这才是教育之"道"，更是教育之"德"！

（作者单位：郑州市教育局）

向学生学习

郭军洁

曾经看过一本书——《失去灵魂的卓越》，这本书的作者是哈佛大学哈佛学院的前任院长哈瑞·刘易斯，"失去灵魂的卓越"便是他用来评价哈佛大学的。

哈佛的卓越人所共知，但刘易斯认为：如今这所大学的办学思想中已经找不到社会责任感的存在，而古老的通识教育理想也已经有名无实，哈佛教育不再致力于解放人的思想和精神，而是重视市场名利。它所培养的学生，尽管成绩优异，毕业后也可成为商界、政界名流，但却找不到责任感、价值观的灵魂。卓越易取，灵魂难得。

在很长一段时间里，我为自己是"人类灵魂工程师"而自豪。我甚至觉得，"人类""灵魂""工程师"，由这三个词语组成的称呼是多么气势恢宏而富有诗意啊！我曾多次在写有关教育的文章时，使用这个短语："无愧于人类灵魂工程师的崇高使命""人类灵魂工程师不能没有自己的灵魂"等。那时候，只要一提起这个短语，一种真诚的庄严感便会油然而生。

然而现在，我对这个称呼产生了怀疑。

在我看来，"教师是人类灵魂工程师"这个命题至少包含三点谬误：第一，教师的灵魂肯定比学生的高尚（否则怎么可能当"灵魂工程师"

呢?);第二,学生的灵魂肯定不如教师的(否则干吗还需要"灵魂工程师"呢?);第三,学生的"灵魂"是可以被"工程师"随心所欲地"塑造"的。

教师的灵魂真的就比学生的高尚?传统教育习惯把教师奉为道德圣人,但教师又不可能是道德圣人。就知识、能力、阅历等等而言,教师显然在学生之上;但就道德而言,很难说学生不如教师。须知"人之初,性本善"从某种意义上说,教育的过程并不是给学生外加"美好道德",而是让学生尽可能保持童心。儿童的心灵比成人纯洁,这是不争的事实。无论是《皇帝的新装》中的小男孩,还是我们每天面对的学生(包括有缺点的学生),都已无可辩驳地证明了这一点。

至于学生的灵魂可不可以"塑造",我想,在我们的教育越来越走向民主与科学的今天,什么都是可以塑造的,唯有人的灵魂——人的精神和个性——是不能"塑造"的!

我们承认教师不是完人,承认教师在许多方面不如我们的学生,这并不是降低了教育者对自己的人格要求,恰恰相反,只有教育者随时随地意识到自己的不足,才真正有利于教师的不断完善。同样,我们承认学生在许多方面在我们教师之上,这并不意味着教师就放弃了对学生的教育责任。学生童心的保持,个性的发展,思想的成熟,能力的培养……都离不开教育。但这种教育,不应该是教师的居高临下与学生的俯首帖耳,而应该是教师与学生的共同成长。再明确一点说,就是民主的教育,就是教师在向学生学习的过程中教育学生。

从做学生的"灵魂工程师"到"向学生学习",毫不夸张地说,这是教育走向民主不可缺少的思想革命。这场革命早在半个多世纪以前,就被陶行知先生呼唤过:"我们希望今后办训育的人要打破侦探的技术,丢开判官的面具。他们应当与学生共生活、共甘苦,做他们的朋友,帮助学生在积极活动上行走。""人只晓得先生感化学生锻炼学生,而不知学生彼此感化锻炼和感化锻炼先生力量之大。""谁也不觉得您是先生，您便成了真正的先生。"苏霍姆林斯基也曾这样告诫青年教师："只有当教师在共同活动中长期做孩子们的朋友、志同道合者和同志时，才会产生真正的精神上的一致性。……不要去强制人的灵魂，要去细心关注每个孩子的自然发展规律，关注他们的特性、意向和需求。"

向学生学习，就是还教师以真实，给教育以诚实。当我们在学生面前不再是神而还原为质朴、真诚但不乏缺点的人时，学生更会把我们当作可以信任可以亲近的朋友，而朋友般平等的感情，无疑是教育成功的前提。所谓"还教育以诚实"，就是面对现实中弥漫的教育虚假，教育者以自身的诚实一方面消解着虚假教育的负面影响，同时又以诚实培养着诚实。言行一致，表里如一，自己不相信的绝不教给学生，勇于向学生承认自己的过失，这应当成为教育工作者起码的职业道德。向学生学习，即使从教育的角度看也是对学生最有效的教育。学生从教师身上，看到什么叫"人无完人"，什么叫"知错能改"，什么叫"见贤思齐焉"……教育者对自己错误的真诚追悔和对高尚人格的不懈追求，将感染激励着学生在人生的路上不断战胜自我，一步步走向卓越。

2013 年 9 月开学不久，便迎来了又一个教师节，学校要求各班利用班会课举行庆祝活动。这天，我安排班干部在教室黑板上写了一行大字："教师节——献给老师的礼物！"

班会开始时，我笑着对大家说："今天是我的节日，所以，我想向同学们索取'礼物'。"学生们顿时笑了起来，显然是不相信我的话。可我却认真地继续说："在过去的五年级学习中，由于老师修养不好，再加上工作繁重，所以，我的工作作风越来越简单急躁，在各方面都存在许多问题。今天，我诚心诚意请同学们对我的工作提出意见。这对我来说，的确是最好不过的礼物啊！"

接着，我又拿出事先买好的钢笔、圆珠笔和铅笔："为了鼓励和感谢同学们，今天我来个'有奖征谏'——同学们可不要错失良机啊！"

同学们又是一阵大笑，气氛开始活跃了。他们见我十分真诚，便也认真思考起来……

开头炮的是金涛："老师，我们都记得，五年级上学期时您和我们没有师生界限，我们甚至可以对您直呼其名；可是到了下学期，您越来越爱对我们发脾气，师生之间有了明显的心理距离。希望老师能恢复上学期时亲切的笑容！"

我走下讲台，来到金涛的面前，双手递给他一支钢笔："谢谢你的批评！"

平时常挨我批评的豪豪也发言了："老师有时太爱冲动。那次小欣用脚狠狠踢教室门当然该挨批评，但您当时拍着桌子厉声斥责他，写了检讨又请家长，使小欣事过很久还感到抬不起头。"

我同时拿起两支圆珠笔，一支递给豪豪："谢谢你的直率！"一支递给小欣："请原谅老师！"

提意见的学生越来越多了……

下课铃响了，我总结道："永远感谢同学们！愿在新的一学年，我们班的全体同学和我精诚团结，同舟共济，共同创造明年七月的辉煌！"回答我的，是一阵雷鸣般的掌声！

我不同意"教师是人类灵魂工程师"的说法，并不意味着我反对教育者应有崇高的使命感，而是主张将我们的心灵融进学生的心灵。从某种意义上讲，教育是师生心灵和谐共振、互相感染、互相影响、互相欣赏的精神创造过程。它是心灵对心灵的感受，心灵对心灵的理解，心灵对心灵的耕耘，心灵对心灵的创造。

（作者单位：郑州市航空港区第十五小学）

用爱播种　静待花开

张旭花

"善之本在教，教之本在师。教师是人类灵魂的工程师，是太阳底下最光辉的职业。"光阴荏苒，但温家宝同志在北京师范大学首届免费师范生毕业典礼上的讲话却言犹在耳，时刻击打着我的心灵。是的，教师虽然平凡，却责任重大。民族的振兴离不开有灵魂的教育，做有灵魂的教育，就要培养有灵魂的学生，而教师是教育的最终执行者。

什么样的学生才是有灵魂的呢？个人认为应该是这样的：有一颗善良感恩之心，有独立思考、自由表达的能力，有乐观向上、积极进取的态度和精神……

这些都不是一蹴而就的，需要教师的耐心教育和悉心引导。作为有灵魂的教育的有力执行者，我们最好的做法就是用爱播种，静待花开。

每个老师都喜欢聪明好学、乖巧懂事的学生，可是我们总会碰到一些令人头痛的孩子，或者顽皮捣乱，或者目无尊长，或者不思进取，或者劣迹斑斑……

对于这样的孩子，大多数老师刚开始都会尽力说服教育，只有实在无能为力，才会无奈放弃。可是在放弃的同时，我们反思失败的原因了吗？为什么我们三番五次的说服教育没有效果？最根本的原因是我们从一开始就戴着有色眼镜去看这些孩子，在心里已经把他们定位成问题学生了。爱应该是发自内心的欣赏，没有内心的欣赏自然不是爱，没有爱的教育自然不会被孩子接受，只能失败。

曾经一个女孩和我谈心时说，班上的同学很讨厌某个任课老师。我问她为什么，她说那个老师经常拿他们和城市的孩子比，言下之意带着对他们的歧视和鄙夷。我连忙为那个同事解释。如果学生这种看法在心底生根，怎么会喜欢他？恨屋及乌，又岂会喜欢上他的课？长此以往，学习自然会出现问题。而这还不是最严重的，如果学生认定自己一度尊敬爱戴的老师歧视厌恶他们，心灵必会笼罩阴影，对他人与社会产生怀疑，不信任他人，导致不自信、患得患失……环环相扣，心灵的成长与人格的健全必定深受其害。深深感动于《放牛班的春天》里马修老师的做法：挖掘学生的优点并帮助他发挥特长，感受学生的孤苦尽力给予关怀，洞悉学生的无辜竭尽所能为其开脱……那些原本已被他人定位为坏孩子的学生最终有了令人震惊的改变与成就，这不仅仅是因为马修老师自身丰厚的学识和优秀的教学能力，更在于马修老师接近他们的时候，怀着发自内心的爱。爱出者爱返，福往者福来。爱改变了这些孩子，也成就了马修老师的教育人生。

孩子们的心灵都是纯净的，即使特别的经历使之有一丝丝裂痕，在和煦的爱的阳光下也都会修复如初。霍懋征老师说过："是什么力量把一个人见人烦的孩子，变成人见人爱的孩子？是爱。爱是阳光，可以把坚冰融化；爱是春雨，能让枯萎的小草发芽；爱是神奇，可以点石成金。"如果我们老师能够用一颗爱心去对待每一个学生，视学生为亲人、如儿女，沐浴在关爱中的他们自然会慢慢打开心扉接纳你，视老师如手足、如父母，视同学如兄弟姐妹。在关爱中他们渐渐成熟的心灵必然温暖灿烂，看世界的眼睛里必然是五彩斑斓，对生活的感恩和信任塑造的也必然是善良乐观的灵魂。常言说：种瓜得瓜，种豆得豆。用爱心播种关怀与信任，才能收获感恩和美好。

十年树木，百年树人。教育的过程是长期的，充满辛苦和幸福。你全身心付出了，但不一定会立竿见影，不一定会即刻得到回报。每个孩子就像一朵花，不同的花自然有不同的花期。所以我们要时刻记得：用爱播种后，还要耐心等待，像任小艾老师说的那样，要"静静地等待花开的日子"。

当下，功利主义泛滥，拜金主义盛行，在有些教师的心中，个人利益高于一切，为了切身利益无视教育规律、不择手段。这是学生的不幸，是教育的悲哀。

作为中学语文教师，每年我总会接触很多对作文一窍不通的学生，最初我很迷惑，经多次了解得到相同的答案后，我感慨良多。学生说小学时候很少写作文，平时老师会布置一些好的作文让学生背诵，考试时只要套用就行了，得分也很高。背诵美文佳句的做法自然无可厚非，因为学习语文本来就需要丰富的积累，可是只求结果不顾及过程的行为让我为之叹息。作为语文教师，我们应该耐心细致地教给学生写作文的方法。仿写优秀文章的选材角度和组材方法自然是可以的，可是如果不让学生明白其中的妙处而单纯地背诵套用，暂不说千篇一律是否佳作，只说学生盲目套用懵懂莫名地写作文本身就是被迫的行动，就如提线木偶一样，何来学习的主动和快乐？何来创造性？

窥一斑而知全豹，当前的教育中的确有不少急功近利的教学行为：为了当下成绩的优异，无视学生的身心发展，无视教育的特征与规律，只重智育而忽略了学生的品德教育和能力提高。记得同事曾经笑谈："某学校周末给学生布置作业，领导细致地限制了各科作业时间，可是老师们却不忘攀比，某数学老师布置作业时跟学生这样说：'化学布置两份试卷，数学分值是化学的 2.4 倍，所以 4 份试卷还没有达到要求呢！'就这样，学生们超负荷的作业被合理化了。"设身处地，我也会对学校深恶痛绝。还有同事感慨："曾经的得意门生毕业后见了我居然视若无睹，反而是原来经常批评的孩子大老远就打招呼。"前段时间微博盛传这么两句话："考上大学的同学记得和没考上的搞好关系，等你们大学毕业了好去他们公司打工！考上一本的要经常联系二本的，未来家乡的领导就是他们！"不知道别人感受如何，我看完之后很觉羞惭，教过的学生中成绩优异成就突出的只是少数，多数学生在学校并未觉得他们出色，可是走上工作岗位后反而一个个崭露头角，这是对我们只注重学生智力的一个多么委婉的嘲讽啊！为什么会有越来越多的厌学辍学者？为什么会有越来越多的文化素质高而道德素养低下者？为什么会有研究生毕业却依赖父母不能自立者？固然有一定的社会因素在内，但冰冻三尺非一日之寒，从幼儿园就开始接受的长达12—19年的智育至上的教学思想和急功近利的教学行为，对他们的荼毒应该不能免责吧。

静待花开从教育理论角度来讲就是期待效应，在鼓励学生创新的当下，显然更有普遍应用的价值。罗森塔尔的实验就是最有力的实证。一些随意圈点的名单上的学生为什么会获得最佳发展？就是因为老师接受了实验者的暗示，情不自禁地倾注期待的结果。而老师对学生的期待源于爱和信任。美国心理学家西尔凡诺·阿瑞提就说过，"一个善良的母亲的爱，并伴随着认为孩子能成为一个有价值有创造性的人的那种信任是创造力的前提"，并指出"这个孩子会心力向内投射，他懂得分享母亲的情感，接受她的预言，他一定要证明她的母亲是对的。充满信任的母亲的形象，永远支持着他"。这段话，给我很大的启示。我们的学生不也常常向往着从老师那儿获得母亲般的爱吗？倘若老师也能像母亲一样，倾注期待，从心底里就确信"我的学生潜能无穷""你行""他也行""个个都行"，坚信他们都会成为富有创造性的人，那么学生每天在老师的身边领略到、感受到的正是他们所需要的支撑和催化。

我的班上曾经有这么一个男孩，无论哪个老师指出他的毛病，不管是善意的劝导还是严厉的批评，他都会逐渐积累恨意，用他自己的话说，"累计三次以上就要开始报复"。有一天他对某任课老师展开报复，课堂上肆意对抗，班主任把他叫进办公室，批评一番后要求他写出书面检查并对任课老师赔礼道歉，他坚持说自己的对抗是被动而为，执意不肯道歉。我在旁边看到他涨得通红异常执拗的脸蛋后，觉察到孩子身上一定有不为人知的经历，就把他叫到外面一个僻静的角落，先以朋友的态度设身处地感受他的无奈，然后耐心引导他分析形成这种性格的原因。久久的分析思考验证了我的猜想：孩子从小总被一个本家大伯明里训导暗里欺压，以至于以后遭遇指责批评就油然而生抗议，难辨善恶。十几年养成的性格一时半会儿也难以改变，我私下里劝班主任先把这件事情放下不提。之后的学习生活当中，我总是抓住一些小小的契机和他讨论辨析，久而久之，他慢慢适应了别人对他的善意规劝。升级考试后，他主动来到那个任课老师身边，诚恳地道歉请求谅解。尽管等待他改变的时间很长，可是我还是感到发自内心的喜悦。我相信，从今以后，那曾经的阴影不会再困扰孩子了，因为他的心里开始有了信任和谅解，美丽的花蕾已经悄然绽放了。

著名科学家钱学森曾对一位中学教师说："培养年轻人是一个国家进步的基础。不要小看你的工作，你在塑造年轻人的灵魂。"让我们牢记肩上的责任，用爱播种，培育学生心中的太阳之花，并能够静静地享受花开前或长或短的等待。因为只有这样，我们的学生才是有灵魂的，才有能力去开启我们民族的未来！

（作者单位：巩义市米河镇第一初级中学）

为学生开窗

谢蕾蕾

从一则故事说起

三个月前，学校面向全体学生举办了一次有关"我的中国梦"的绘画比赛。听到这个消息后，一向喜欢"科学幻想"的学生景晨满怀信心，花费了两个晚上的时间，完成了一幅名为"我的梦想厨房"的画作。说实话，当我看到作品中充满的各种饱含"奇妙动力学"思维的线条时，欣喜之情油然而生。且不说这是个小学二年级孩子的创造，单就那满满一张 A3 纸上完整的设计图案就足以让人感动。一周后，在宣布绘画比赛获奖名单时，我却没有发现景晨的名字。就在那一瞬间，孩子的头一下子低了下来，我明白这背后的失落。两天后，我耐心地询问了评委老师对这幅作品的看法，他告诉我："中国梦的主题作品需要很多种色彩的搭配，而景晨的作品只是简单的几种颜色，不够细腻美观。"当然，听到这样的解释，我只能思考如何用更合适的方式保护孩子的想象力。

此后的很久，我都迷惘于教育的本真。"人为什么活着？儿童为什么要读书？童真是什么？知识是什么？教师要为儿童带来什么？理想与现实必然矛盾吗？……"这一系列的问题萦绕着我，似乎"教育"这个词让我越发不解了。不经意间，台湾学者黄武雄先生的《学校在窗外》一书清凉了我烦躁的内心。黄先生在书中直陈当今学校教育的问题："目前学校教育的主流价值与教师正在扮演的角色，其实不利于学生的心智成长，它们严重地压抑了学生的想象力，扭曲了学生的价值观……目前学校教育的主流是把知识片面化、工具化，我希望在主流思维之外，给学生另一面窗。"

最美不过童心

儿童拥有一双独特的眼睛，他们总能看到与成人不一样的世界。在他们眼中，会说话的星星是存在的，在路边流浪的小猫是会伤心的，等等。然而对此，成年人，即便是受过专业培训的教师，也总会不自觉地采取一种所谓的"高效"的做法：压制、忽视，甚至是随意的批评。有些教师面对孩子的父母时，会提醒他们要俯下身子聆听儿童的内心，但自己却怎么也不愿弯下腰。作为教师的我们，深谙各种教育关爱儿童的原则和方法，却总是在冠冕堂皇的述说之后，利利落落地放弃行动了。所以，我们总会在儿童一个随意的问题中变得尴尬和局促不安。因为，制定规则的我们总是忘记了自我遵守，并习惯于忽视那群一直用清澈眼睛注视着我们的孩子们。

没有童心的儿童体会不到童年的快乐，没有童心的儿童不能筑建未来的梦想。一个人的童年成长史注释着一个人一生的发展谱序，蕴藏着一个人成年后的性格和气质。作为教师，倘若能谦卑地俯下身子，真诚地关心每一个儿童，那么，冷漠与孤僻、自卑与自闭将不复存在，儿童成长的道路上也将铺满和谐之花。

知识在窗外

我们的教学过程往往是在教室内完成。而几乎所有的教室都包含着窗户、门、黑板等基本构件。明亮的教室离不开窗明几净，没有窗户的教室是令人窒息的。在我们习惯的学校教育思维脉络里，窗户的功能无非是为暗沉的教室带来明亮，为学生能更清晰地看清黑板的字服务。因此，黑板是知识的源头。学生的目光只需盯紧黑板，听清教师说的话，看清黑板上的字，发生在学校里的知识学习就完成了。如果仅仅是这样的学校教育，我们就会不难发现：在每间教室里，每个学生都被牢牢地固定在由黑板、课桌、窗户、椅子等部件限制住的空间里。当我们固定了儿童的身体和目光，我们就真正地开始了无休止"禁锢"学生的过程。

仔细想想，为什么上课的时候，总会有孩子克制不住地想望一望窗外？为什么很多孩子在思考问题的时候，总习惯于望着窗外空旷的天空？为什么很多孩子那么期待下课的铃声？一点都不奇怪，儿童眼中的学校生活不只发生在教室内，他们向往窗外的自由生活。看看德国的孩子们在幼儿园学习了什么：在幼儿园的三年里，他们要参观警察局，知道警察是干什么的，学会报警；参观消防局，了解消防队如何灭火及躲避火灾的方法；参观市政府，认识市长；去自由市场和超市买东西，体会它们的区别；去图书馆，学会如何借书、还书；去坐公共汽车，记住回家的路线；等等。如果我们的孩子具备这样的能力，他们的生活又是怎样一幅不同的画面呢？

为学生开窗

回到教育的本真，我们便很容易理解教师作为教育者的真正意义。

当儿童散发童心的可爱之处时，我们给他们尊重和保护；当儿童向往窗外的自由时，我们给他们自由；当儿童需要更多的支持时，我们给他们发展和被认可的机会。教育就是这样，当我们能认清它时，便会豁然开朗：原来，这样的教育才是真教育，这样的教师才是真正想着孩子的教师。最后，以班内没有获奖但依然让我感动满满的二年级学生昕然的《我想变成透明的雨滴》一文结尾：

我有一个梦想，就是变成透明的雨滴。

当雨滴落在雨伞上时，发出滴滴答答的声音，让人们听见我的歌唱。我喜欢看小朋友们在雨中玩耍的样子，这让我觉得很快乐。

我想变成透明的小雨滴，雨水可以让土地变得很温润，使那里的土地很肥沃，还可以让大树变得枝叶茂盛，十分好看。小草喝足了水，挺直了腰，小花也喝足了水，露出了笑脸。

雨点聚在一起，变成白云，把蓝天打扮得多姿多彩，还能看到世上最美的风景。

这就是我的梦想，我要变成透明的雨滴，飘落到需要我的地方，让世界变得更美好！

（作者单位：郑州市郑东新区昆丽河小学）

做有思想的教师　育有灵魂的学生

赵　南

2008年师范毕业，我带着青春的激情，满怀对教育事业的热爱，踏入了教育工作这片热土。走在教育教学这条大道上，我看得到繁花满枝，嗅得着怡人清香，同时也遇得到荆棘坎坷，但我始终谨记苏霍姆林斯基的话——"你不仅是教课的教师，也是学生的教育者、生活的导师和道德的引路人。"所以在参加工作这六年里，我力争做有思想的教师，育有灵魂的学生。

首先，教师在传授知识时要善于变讲为导，培养具有独立自主学习能力的学生。苏格拉底说过："教育不是灌输，而是点燃火焰。"课堂教学是师生双方不断发现问题和解决问题的过程，所以在新课程背景下，我们要引导学生思考，培养具有独立自主学习能力的学生。这样不仅能有效完成教学任务，还培养了学生质疑的兴趣和能力、好思好问的习惯和自主探究的创新精神。

例如：在四年级下册《街心广场》一课的教学中，根据情境图学生列式计算出了 $30 \times 20 = 600$，$3 \times 2 = 6$，可 0.3×0.2 等于多少呢？汇报时出现了 0.6 和 0.06 两个不同的答案。随后我鼓励学生勇于发表自己的想法，于是出现了这样的辩论：

生 1：上面几个算式 $30 \times 20 = 600$，$3 \times 2 = 6$，6 是 600 的百分之一，

根据规律 0.3×0.2 的得数也应该是 6 的百分之一。

生 2：乘法不是应该越乘越大吗？积是 0.06，比 0.3 和 0.2 都小了，你怎么解释呢？

生 1：……（沉默）

生 3：0.3×0.2 是 0.2 个 0.3，也就是不到 1 个 0.3，应该比 0.3 小。

听后我评论道："大家的辩论可真精彩啊！生 1 和生 3 的想法非常正确，表述也很清楚！但在这里我也要特别对答错了的生 2 提出表扬，表扬他确实动脑筋去思考了，表扬他敢于质疑的精神，非常值得我们每一位同学学习！"这下大家可来了精神，有的同学又举起了手说："我还有个疑问，以前学小数加减法的时候，列竖式要求小数点对齐，难道乘法不一样吗？"……当学生体验到了成功的喜悦，便会生发无尽的求知欲望和兴趣，使思维处于主动和积极的状态，自觉地在学中问，问中学。

其次，教师心中要有爱，要善于发现学生的闪光点，培养具有自信心的学生。苏霍姆林斯基说过："教育技巧的全部奥秘也就在于如何爱护儿童。"师爱是教育的真正内涵，我们要善于捕捉孩子身上的优秀品质，要真心鼓励孩子勇战挫折、充满自信，用自己平凡的爱、坚持的爱、真诚的爱温暖每一位学生。

我们班的小景同学性格内向，学习比较吃力，每天学过的知识都需要家长重教一遍。了解情况后，我把她叫到了办公室，温和地问："昨天学的除法竖式都掌握了吗？"可她一直低着头一言不发，双手还在下面不停地摩挲。于是我便摸摸她的头，轻声地安慰说："没关系，老师知道你已经尽力了，现在作业中的错题还有哪些不会的，老师和你一起来订正，好吗？"她使劲地点了点头，目光中充满了信任。就这样，我又把知识耐心地给她讲解了一遍，她也不像先前那么紧张了，做对题目后还冲我腼腆地一笑。作业处理完后,我便翻开她的作业本,惊叹地说:"你的字写得真是漂亮,作业也那么整洁!其实老师一直都很关注你,特别喜欢看你上课专心听讲的样子,你的每一点进步老师都能看得到。"没想到一番简短的谈话后,小女孩发生了翻天覆地的变化,不仅上课专注了,还会主动举手回答问题,无论是学习,还是同学间的相处,都充满了自信……"爱"是教育中重要的因素,我们要用爱心、耐心、信任、智慧来引导学生。

最后,教师要善于关注细节、注重引导,培养具有良好道德品质的学生。苏格拉底说过:"每个人身上都有太阳,主要是如何让它发光。"每个孩子都是单独的个体,有着不同的家庭环境,受着不同的家庭教育。作为教师,我们不能只传道授业解惑,还要当学生生活中的导师和道德上的引路人。

我们班的小李同学不注意个人卫生,上课不听讲还影响他人,作业更是天天"忘带",没人愿意跟他一起玩,甚至有时他回答问题,底下都会有嘘声。通过家访活动,我了解到他小时候父亲去世,母亲改嫁,现在跟着爷爷蜗居在传达室。了解情况后,我的心情非常沉重,原来他一副玩世不恭的样子是用来掩盖内心的自卑,于是我决定改变他。一天课堂上我一改常态,跟同学们聊起了他们在家的情况,一个个小公主小皇帝开始炫耀他们在家里吃的玩的用的。听了几个后我打断他们说:"有谁回家后会主动做家务,给家人端洗脚水,早上起来做早饭呢?"同学们面面相觑。"我们班就有这样一个孩子,由于家里的特殊情况,虽然在学校他很调皮,但回到家后,除了刚才说的那些,他还总把好吃的留给爷爷,自己吃最便宜的。"同学们沉默了。"同学们想知道他是谁吗?你们想帮助他吗?"大家狠狠地点了点头。我解密:"他就是小李,一个不善于表达自己却非常懂事的孩子!我们都要向他学习!"同学们投来了钦佩的目光,他却不好意思地低下了头。从此以后,小李开始有了明显的转变。

我有时会拿着他工整的作业在班上传阅，会让孩子们为他精彩的发言鼓掌……我们要记住：再有文化与知识，没有道德的支撑也是没有用的，美在于心灵，道德才是最纯朴的美。

一路走来一路成长，我在成长中收获的不仅有美好，更有幸福。今后我要走的路还很长，我会坚持做学生的教育者、生活的导师和道德的引路人，做有思想的教师，育有灵魂的学生。

（作者单位：郑州市金水区黄河路第三小学）

爱的教育才是成功的教育

蔡珊珊

从事教育工作五年，今年是我第一次担任班主任。在这一年的工作中，我一直在思考：什么才是成功的教育？我渐渐地明白：成功的教育要付出爱，有爱的教育才是精彩的！

爱，是一种细心，更是一种不求回报的关怀。语文课上，大家都在认真听讲，唯独小星一人无精打采地趴在桌子上。我走到他身边，俯下身轻声问他："小星，怎么了？生病了吗？"他抬起头，两眼无神地回答："老师，我发烧了，已经吃过药了。"我点点头告诉他按时吃药，多喝水，注意休息。当时我不仅为孩子带病坚持上学而感动，也非常心疼这些孩子。因为住在午托部，身边缺少了父母的关爱，自己照顾自己是他们必备的能力。作为老师，我们微小的爱会显得更为重要。课下，我倒了一杯水让其他同学捎给陈星，并交代他要注意身体。之后的某一天，在和陈星的交谈中，他告诉我："老师，您是对我最好的一位老师。"听了这句话，我很意外，因为我没做什么。但我明白了：爱让我和学生之间心灵相通。

爱，是一种宽容，更是人生航道的指明灯。为了激发学生读书的兴趣，学校图书馆向每个班级开放，可以随时借阅书籍，为此我选派了图书管理员，对书籍的借阅进行登记。一次归还图书时发现少了一本，并且没有借阅记录。上课时，我把这件事告诉了大家，并且先做了自我批评，在这个过程中我仔细观察每个学生的变化。接着我换了温和的语气说："我想是某个学生太喜欢这本书，看得入迷而忘记归还，老师知道你不是故意的。如果你真的对这本书爱不释手，老师愿意向学校赔偿损失，书就当作老师送你的纪念。"很多学生的眼神中充满惊讶，但只有一位学生不敢与我对视，眼神中充满不安。我怀着忐忑而又期待的心情，不断地设想他会怎样做……第二天书柜上多了一本书，丢失的那本书。看到这本书我是多么欣喜。爱，让我唤回了学生的那颗流浪的心。

爱，是一种忍耐，更是一种教会学生做人的责任。运动会的最后一个项目是古诗韵律操比赛，是一个非常重要的集体项目。为了达到整齐划一的效果，我们统一了服装。由于天气原因比赛的时间做了调整，有个别学生的衣服洗了没穿，我觉得情有可原。但有一个女孩告诉我："我觉得穿上很难看。"在即将比赛的一瞬间听到这样的回答，我心中很不满。但我压住心中的怒火，没有说什么。比赛结束后，我们以 0.1 分的差距没有获得团体积分，服装不整齐自然是最大的原因。回到班里，针对这件事，我对全班进行了教育。我站在讲台上扫视大家，说："首先，今天咱班做古诗韵律操是做得最整齐、精神面貌最好的一次。大家都努力了，说明每个人心中是有集体的，老师为你们高兴和自豪。但为什么我们没有取得好成绩？我从评委那里得到的解释是我们的服装不统一。我们班确实有几个学生没有按照要求去做。其实按照学校的规定，参赛选手只要占班级人数的 95％ 即可，也就是说我可以取消这几位学生的参赛权。但我没有，老师认为每一位学生都是我们五（3）班的一员，老师不会把任何一位学生排除在外，也不会剥夺任何一位学生比赛的权利，哪怕他做得再差劲。这是你们的一种成长经历，经历过，你们的人生才精彩。而大家更应该把自己视为五（3）班大家庭中的一员，时时刻刻为班集体着想。什么最美？为集体付出最美，为集体争光最美。如果在做事之前每个学生先考虑的都是自己，那集体就没有存在的价值，只能成为别人嘲笑的话柄。我希望我们是一个团结的集体，从爱班开始，爱校、爱国，去做最美丽的自己。"话音刚落，班里响起了掌声。我看了看之前与我对话的女生，她的眼里闪着泪花。在之后的一次作文中，她写道："老师，谢谢您，原谅我的自私。"爱，让我的教育变得容易。

有教育家曾说过："爱是教育之本，有爱就有教育。"是的，孩子的成长离不开爱，老师的爱更应该从点点滴滴着手，像母爱一样细致入微，像春雨一样润物细无声。爱应该无处不在！

爱的教育才是成功的教育。

（作者单位：郑州市中牟县东风路小学）

给学生一双腾飞的翅膀

霍小芳

教育是一种心灵的唤醒。儿童的成长是其心灵中真、善、美的种子不断成长、自主发展的过程。教师的使命就是用温柔而灵巧的"教育之手"，去触摸儿童稚嫩的心灵，给他们一双腾飞的翅膀，让他们自由地翱翔，快乐健康地成长。

一、引导学生学会"玩"

新学期开始不久的一个下午，第二节课后，有学生报告："小瑜用水把小遥的本子浇湿了。"我一听，有些生气，这个小调皮怎么又惹事了！不过，先弄清事实再说吧。我便问他有没有这回事，他点点头承认了。可为什么明知道不对的事情还要去做呢？我得追根问底，看他究竟如何想的。于是我告诉他："今天我们学习了《识字一》，知道一个好孩子要诚实，你是好孩子，所以一定会告诉老师为什么这么做。"他马上说："是小龙先把水洒到别人本子上的，我看了觉得好玩，所以也跟着洒了。"

这就是孩子，只有孩子才会做出这么可笑的事情。听他这么一说，我反而不生气了。我知道调皮的孩子做出出格一点儿的事情并非是什么品质问题，他们只是为了玩，只不过玩的方式不对罢了。而这更需要老师的指导。看看课间，学生们有的你追我赶，有的静坐着发愣。这不禁使我想起已经被许多人遗忘的老游戏，那是在中国的土壤中创造出来的一种文化，孩子们在那些游戏中和大自然亲密地接触，在活动中得到锻炼，他们玩出了强健的体魄，玩出了创造的能力，玩出了协作的精神。老游戏对孩子们的健康成长功不可没。今天，虽然时代不同了，但我们传统中的一些好东西是应当继承下来的，我们要让老游戏回归儿童的生活，让今天的孩子也能享受到那份快乐。想想自己的童年，那叫一个快乐，跳房子、丢沙包、投倒牌、抽陀螺、玩冰糕棍、丢手绢、杨家林砍大刀、老鹰捉小鸡、跳皮筋、滚铁环……今天想起这些游戏和活动，心中仍充满了甜蜜。在我的印象里，每天放学好像都没有作业，回来就是疯了似的满村子、满田野地跑啊跳啊！不过那种"疯"不是病态的，是健康的，蓬勃向上的。

现在的孩子物质丰富了，玩具也多了，但健体的时间却减少了。儿童的体质在慢慢下降。再加上家长望子成龙，老师互相竞争，他们的肩头担负着成年人的重托，于是，努力努力再努力，永不停歇……很优秀的学生发出"活着真是没意思"的感慨已经屡见不鲜了。难道这不足以引起我们教育者的重视吗？学生正在长身体的时期，作为班主任，我们不仅要关注孩子的学习，更要关注他们身体的成长。

所以，在孩子不知道怎么去玩的时候，我们要引导他们玩什么，如何玩。我们的班级在一楼，教室前面是开阔的操场，那件事之后，一下课我就领着他们去跳绳、踢毽子、丢沙包，教会他们我叫不出准确名字的游戏。很多时候，我会把体育锻炼列为家庭作业的一项。看到孩子们在做游戏时像一只只快乐的小鸟，我也不禁笑开了花。

二、相信学生是个好孩子

一天中午，小鸿的家长打电话说："老师，小鸿一点就从家出发了，说是中午有作业，我不相信，可他拗着要走，还自己签了午休条。我没办法，只好给您打了这个电话，希望您能严厉地批评他。我谢谢您了。"语气中满含着对儿子的无奈与对老师的期待。平时学校对早到现象是三令五申，他居然还敢来这么早，我决定狠狠批评他一顿。

第二节上课，我首先用极其严厉的口吻命令他扣除自己的积分 10 分，并列举了他"几大罪状"：一，不听父母的话；二，没有纪律性；三，欺骗老师，私自签午休条。我边说边观察他的脸色，只见他脸色通红，分明为自己的行为感到后悔。见此情景，我换了温和的语气说道："你在老师眼里是个好孩子，平时都非常遵守纪律，只是这次做得不好，但老师相信你以后绝对不会再做这样的事情。一定要记住：你是一个好孩子！"我把最后一句话故意加重语气。当听到老师对他的评价时，他的眼泪马上流了下来。前面再多的批评也没有"你是一个好孩子"的分量重啊！我相信，他以后不会再出现类似的情况了。

说到这里，我想到了高金英老师在一次做报告时说过的一段话："'插上尾巴，你就变成猴了''你哪个星球上来的，这么笨'等等这样侮辱性的语言被称为'校园暴力语言'。有时这些暴力性语言远远比打孩子一巴掌的影响要深远得多。"老师不经意间的一句话，也许会使这个孩子从此失去学习的快乐、做人的自信甚至是自尊。哪个家长不希望自己的孩子充满智慧？哪个孩子不希望自己是老师眼中的优秀学生？但是人有千差万别，我们为什么非得要求孩子都千篇一律呢？所以在工作中，如果学生出现了问题，我总会想：如果这是我的孩子，我会怎么教育他？这样想了以后，尽管我批评学生时语气也是严厉的，但"暴力性的语言"从不用在学生身上。我对我的学生充满期待，相信他是一个好孩子，期待他是一个好孩子。陶行知说过："你的教鞭下有瓦特，你的冷眼里有牛顿，你的讥笑中有爱迪生。你别忙着把他们赶跑。你可不要等到坐火轮、点电灯、学微积分，才认识他们是你当年的小学生。"

三、把爱心永远传递下去

有一首歌曲唱得好："只要人人都献出一点爱，世界将变成美好的人间。"有人早就评价说现在的社会人与人之间缺乏的就是爱，父母与孩子之间，兄弟姐妹之间，同事与同事之间，邻居与邻居之间，金钱和利益正日益挑战着最为伟大的爱心。作为一个为国家、为未来培养人才的教育工作者，我想，培养孩子的爱心是义不容辞的责任，我会利用平时的点点滴滴把爱的雨露无声无息地浇灌在孩子纯洁的心田。2010 年，青海玉树发生了 7.1 级大地震，学校组织了为受灾群众献爱心的捐款活动。我们班 85 个孩子共捐款 1400 多元，有几个孩子分别捐了 100 元。其中小璐的 100 元用报纸包裹着，里面全是 1 元的硬币，分明是平时积攒的零花钱。在写祝福的话语一项中，小哲的家长写道："让我们携起手来，共同参与，帮那些失去家园的人们重建家园，让那些失去父母的孩子重温家的温暖。"子涵的家长代替孩子写道："我是一名小学生，从电视上看到灾区的情况，我心里非常难过，决定拿出我的零用钱捐给灾区的小朋友，让他们今后和我一样有学上，将来为祖国做贡献。"小颖的家长写道："伟大的祖国是我们的母亲，我们生活在同一个大家庭里，让我们共同面对国难吧！"耀普家长写道："我们愿与祖国母亲一起渡过难关，献上一份微不足道的力量，让我们携手同行，聚集爱心与温暖，驱散灾难的阴霾。"读着读着，我的眼泪流淌下来，我被孩子的家长感动着，被孩子纯洁的爱心感动着，这难道不是爱心的传递吗？我将这一颗颗爱心慢慢地，轻轻地传递给每一位学生，愿他们能接过这爱心的接力棒，一代一代地传下去。

四、让老师之间的"团结互助"流淌在学生的心田

我们都知道，教师的一言一行能潜移默化地影响学生，所以在学生面前，我努力把最阳光的一面展示给他们。与任课老师的合作更是如此。我参加工作 8 年了，与我同教一个班的数学老师换了好几个，每次回忆起他们，我总觉得温暖。已退休的伊校花老师，充满智慧的李巧枝老师，严谨治学的张慧珍老师，热情洋溢的冉再歌老师……是她们给了我帮助与启迪。尤其当我初踏上三尺讲台为人师的那一刻，我像一名刚刚入学的小学生一样，渴望得到别人的帮助，是张晨梅老师教我如何教孩子站好队，走好路，写好字，做好题，一个月下来，作为班主任的我嗓子还没什么问题，不是班主任的张老师喉咙却沙哑了。我常常怀着感激的心情和她共同教育着八十多名孩子。

升入二年级，我们开始使用积分制度管理班级，虽然麻烦，但很有效果。我和张老师按照制度不折不扣去执行，每个月总结一次，取前二十名颁发奖状，然后积分又从零开始。这样做其实是给那些积分较少的孩子一个重新赶超别人的机会。不久前，学校给每个班悬挂的评比栏给了我们更大的帮助，我们在每个孩子积够 10 分时，给他盖一颗星。共同的责任、共同的目标让我们彼此支持，互帮互助，愉快合作。我们劲儿往一处使，智慧往一块儿用。孩子们看到老师之间这么团结，这么合作，他们也受到了影响。每当扫地时，孩子们你扫我搓，你整我擦；班干部值日时，我管卫生，你管纪律，配合得非常默契。如果哪个孩子没了橡皮，周围一圈的孩子都会把自己的递给他，谁的书忘记带了，同桌总会默默地把书放在中间……

朋友们，教师的工作虽然辛苦，但却具有无穷的乐趣。美国学者贝德勒说："生龙活虎的学生一个个在我眼前成长起来，这就是一个教育工作者永不停息的创造性工作的结果。还有什么比创造人类生命的工作更令人激动的呢？"那么，就让我们一起用温柔而又灵巧的"教育之手"，送学生一双翅膀，让他们自由地健康成长吧！

（作者单位：郑州市中牟县青年路小学）

保护孩子的天性，教育才有生命力

司剑丽

天性，即先天的本性，是人身上的自然性、宇宙性，它是自然意志、世界意志、宇宙意志。天性教育，则是从儿童天性入手，遵循儿童成长的规律，张扬儿童真、善、美的天性，创设符合儿童天性自然发展的生存条件，构建和谐的、宽松的、快乐的人文环境，创建在校园文化、教育教学等方面都有鲜明特色和个性的教育。

每个父母都希望自己的孩子能成才，每个老师都希望自己的学生能优秀。可是孩子是不同的，各有各的特点，各有各的长处，各有各的不足。每个孩子身上都蕴藏着一份特殊的才能，那份才能犹如一条沉睡的巨龙，等着我们去唤醒。教师要善于发现这些才能。

一位雕刻家面对玉石，首先考虑如何根据玉石特点——它的形状、质地、颜色、纹理等雕刻出艺术品，对自然特点的巧妙利用会使作品浑然天成，巧夺天工。这和教育孩子有点相似，孩子都是浑金璞玉，雕琢成什么品位的艺术品，有赖于教师、父母的慧眼。千万不要因为功利的原因扼杀孩子的天性和表现出的兴趣和天分，要知道人才难得，天才更珍贵。有很多人，成年后在某一领域的突出成就就源于幼儿时对这方面的兴趣。每一个孩子都是创造天才，孩子的兴趣、爱好、创造热情和独立精神如果从小就得到呵护，而不是被压抑、束缚、剥夺和阻碍，这些天性和天分就会发展得更顺利。孩子被称为天使，他们纯洁善良，对事物充满好奇，天生具有研究知识的热情，这种热情得到保护，就成为将来学问的种子。应该说，孩子天生是喜欢学习的。为什么有的孩子不爱上学？原因可能不在孩子身上，家长和学校需要反省哪方面没有照顾到孩子天性的需要，比如不当的批评伤害了孩子的自信心和自尊心，成绩的压力减少了学习的兴趣。鲁迅先生写过一篇文章，指出培养天才首先要培育产生天才的土壤，这土壤需要家庭、学校、社会共同培育。

儿童具有好奇好问、好动好玩、好胜好表现的天性。好奇好问是发明创造的源头，好动好玩是实践能力的本能，好胜好表现是顽强意志的雏形。

实施素质教育，就要关注爱护儿童的天性，促进儿童的本能和个性的健康发展。教育创造不了儿童的"天性"，作为一种环境存在，它作用于"天性"产生的影响只能是"发挥或阻碍，加强或削弱，培养或摧残"。

陶行知先生说："我们对于儿童有两种极端的心理，都于儿童有害。一是忽视；二是期望太切。忽视则任其像茅草样自生自灭，期望太切不免揠苗助长，反而促其夭折。所以合理的教导是解除儿童痛苦增进儿童幸福之正确路线。我们必须沿这路线进行，才能使儿童脱离苦海进入乐园。"

好奇、好问、好动是孩子的天性，是孩子成长中必然经过的一个阶段，就好像是我们平时烹饪时不可缺少的盐。当然，这个"盐"有时候难免会多了一点儿，会让我们有种"咸咸的滋味"，可是如果孩子少了这些好奇、好问、好动，就像菜里少放了盐，就没味了。对于孩子的天性我们当教师的应加以呵护，并给孩子充分的自由，允许他们大胆地去想象。即使产生了一些稀奇古怪的想法，也不能盲目否定，而应采取他们能理解的方式，耐心解答，共同讨论，或提出问题引导他们继续思索。

同时，要关心他们那些在大人看来是"错误"的行为。要善于发现他们"误"中的创造成分，帮助他们选用适宜的方法，继续展示出来，及时肯定他们与众不同的想法和做法，激发他们的创新意识，以保证他们自由探索的空间。记得春天的时候，校园里开了很多的花，引来了很多的蝴蝶，学生们就对蝴蝶特别感兴趣，一到课间就去抓蝴蝶，起初有学生打"小报告"时候，我还去提醒一下，后来想一想还是不要多管了，孩子只是对蝴蝶好奇，就让他们去好奇吧。很多时候只要我们耐下心来，便会知道孩子问这问那，摸这摸那，都是源于对大千世界充满了好奇，他们渴望通过自己的探索，了解世界，探个究竟。这正是可贵的主动学习、敢于创造的精神。自信也正是从创造、探索中而来的。这个保护好奇—善于引导—培养自信的过程，犹如在孩子好奇心的背后，架起一座有利于他们自己探索、感受成功的桥梁。我们要学会宽容和保护，宽容学生的错误和过失，保护学生的幻想和好奇。

天性，是一种力量，是一种品质，带来了一种崇尚"真""善""美"的教育——天性教育。给伟大的儿童以简单的教育，就是要顺应天性，发掘潜能。

学生是树，教育要学习种树的经验——"能顺木之天，以致其性"，使"其天者全而其性得"。一个高明的种树人，不一定是杰作频出的园艺师，因为他懂得——生命会在自己的大剪刀下失去原本意义。

作为一名教师，我们应该在教学与班级管理过程中，为孩子创造宽松、积极的学习环境，保护孩子的天性，使灵魂回归，把他们培养成人格健全的人。这样的教育才具有生命力。

（作者单位：郑州市管城回族区南关小学）

捧着一颗心来

孙颖斐

教坛十载风雨，我备尝苦辣酸甜，也深深认识到：爱是教师最美丽的语言。要当好一名教师，就要爱岗敬业，热爱学生，爱得专心致志，爱得无私无畏！

教师只有爱自己的学生，才会全身心地投入，才会像陶行知先生一样"捧着一颗心来，不带半根草去"，才会如春风化雨般滋润学生的心田。随着社会的发展，以及党和国家对教育的深切关注，真诚地热爱学生已被视为当代教师的师德之魂。

一、热爱学生是建立平等民主、和谐师生关系的基础

任何教育的结果，都是伴随着一定的师生关系产生的，其好坏有时受师生关系的影响，不同的师生关系往往导致不同的教育结果。今天的学生需要有一个安静、和谐、健康的学习环境。而要做到此点，师生关系的建立必须是"民主型"的。因为在民主型的关系中，由于师生之间注意协商、沟通，关系比较和谐，学生的情绪就会轻松愉快，有个良好的学习心境，进而在他们所认同的目标或要求的指引下，主动积极地参与各种学习活动，学习的积极性和热情都高。反之，若师生关系是"专制型""放任型"的，则会带来学生情绪上的紧张或放任，造成内心烦躁、恐惧等，在这种情况下就不会有高效的学习，学习效果也不会好。

正如英国教育家洛克所揭示的："儿童从导师方面受了无情的言语和鞭挞，他的心里，就充满了恐怖，恐怖立刻占据了他的整个心理，使他再也没有容纳别种印象的空隙了。"

在教育过程中，教师与学生之间要进行多方面的互动，会产生种种矛盾。倘若教师不能尊重、关心和热爱学生，不把其视为亲人，视为可倾吐心声解决困惑的朋友，让他们感受到亲人般的关爱和保护，那么要真正化解这些矛盾是不可能的。有时由于学生偏见或教师有"宁给好心，不给好脸"的观念和行为，可能会产生学生对教师的"好心"的误解。但是教师只要走出这种爱的误区，注意以正确的方式去体现对学生的尊重、爱护和关心，就能为建立民主、和谐、平等的师生关系奠定良好的基础，进而很好地化解矛盾。因此说，热爱学生是建立民主、平等、和谐的师生关系的基础。

二、热爱学生是做好教育工作的重要条件

学生的成长不是仅有阳光、雨露、面包和水就能完成的，还需要一样植物和其他动物所不需要的东西——火热而真诚的心。教师对学生的爱，会被学生内化为对教师的爱，进而把这种爱迁移到教师所教的学科上，正所谓"亲其师，信其道"而"乐其道"，因此爱的教育是我们教学上的巨大推动力。教师关心学生，就能载起我们教育界称之为严格要求的那条很难驾驭的小舟。没有这种关心，小舟就会搁浅，用任何努力也无法使它移动。教师热爱学生有助于学生良好品格的培养，有利于创造活泼、生动的学习氛围，使学生保持良好的学习状态。而这一切，都是做好教育工作必不可少的条件。

在教育中，我对学生的爱是正直、公正、坦荡、无私的，不是狭隘、庸俗的。因权势而爱，因门第而爱，因金钱而爱，这种爱会败坏社会风气，污染学生纯洁的心灵。如果我们希望学生成为热爱美好事物而仇恨丑恶行为的真正公民，我们就应当真诚地对待他。一个人只有放眼天下，才能够公平地对待学生。每一名学生都有闪光点，如果教师像对待自己的孩子一样对待学生，再可气的学生都变得可爱！

我们班有一名学生，刚接触他时，什么坏习惯都有：迟到、作业拖拉、上课吃东西、睡觉……各科老师对他都暗自摇头，称其是"无药可救的学生"。可是我却不敢苟同。这要是我的孩子该怎么办呢？放弃吗？我决定给自己一次机会，也给学生一次机会。我发现苦口婆心的说教对他似乎像在唱催眠曲，于是，我试着改变交流方式，采用书面交流。在他好不容易补上的作业后面，我是这样写的："一个人可以没有荣誉和鲜花，但不能没有自尊。老师愿用真心换取你的积极心态，行吗？"过了好久，他才在我的话下面写下了这么一句："老师，我也想学好，但是我就是管不住自己。"我心中窃喜：孺子可教也！于是，我信心大增，继续采用书面交流。我从其班主任那儿了解到他的情况：幼年时父亲遇车祸身亡，母亲改嫁，他与奶奶相依为命，因缺少约束爱做坏事。于是我在他的作业中写道："诚诚恳恳做人，认认真真学习，'穷且益坚，不坠青云之志'。"一学期下来，该生不再旷课、逃课了，拖拉作业的次数也明显减少了，但自我约束能力还是不强。学期结束，我的评语这样写道："知道吗，老师真高兴看到了你的进步：曾经旷课、逃课的你能够安心坐在教室里了。我们大家多么期待看见你的聪明能够给你带来好成绩，看到课堂上你聚精会神地听讲，看到操场上有你矫健的身姿……让所有关爱你的人静候你的佳音！"该生在之后的时间里，进步越来越大。

坚持"三不"。不挖苦学生。当学生做错事时，我耐心开导，不挖苦，不训斥，不威胁恐吓。不体罚与变相体罚。如有的学生因作业没写好，或没有按要求去做的，我不是像有的老师那样让学生写上十遍或者二十遍，而是单独找他谈话，帮他找出原因，改正缺点。不心罚。"心罚"即对学生内在心理和精神的惩罚，它是与体罚相对应而言的。比如有的教师说学生："生来就不是读书的料，还有脸往这儿坐""灌铅的脑袋""死榆木疙瘩"……这种心罚侮辱了学生的人格，刺伤了学生的自尊心，伤害了他们的情感，损伤了他们为人的尊严。大家想想，学生真的遇上这样的老师日子该多难过。所以，我们应爱护学生，维护其自尊心，尽量避免对学生心灵造成伤害。"老师的生命是一团火，老师的生活是一曲歌，老师的事业是一首诗。"……有关对教师以及教师职业的赞美之词确实不胜枚举，但我们应常常进行反思，思考一下我们的行为是否与那些赞美之词相符。

严爱结合。现实中往往爱好学生易，爱差学生难。我就要求自己不仅要爱"白天鹅"，还要爱"丑小鸭"。采取学生能够理解、接受的方式对待学生，需要严爱结合。首先，我善于在尊重关爱学生的基础上对学生提出严格要求。其次，我善于在严格要求的过程中去体现对学生的尊重友爱，努力创造条件，使他们获得成功。另外，还要做到爱得得体，严而有理、有度、有方与有恒。

爱的教育无疑是一个永恒的主题，老师要用爱去消除师生之间的情感障碍，要用信任去填补师生之间的心理鸿沟，要用期待去激发学生的智慧和潜力，培养他们的自信心。教师担当着教育下一代的重任。唯有高尚的师德修养，才能振兴教育，也才能实现中华民族的伟大复兴。爱是教师美丽的语言，我们教师要拥有与学生沟通的法宝——博爱之心，用爱去对待学生，影响学生，关心他们的成长。

（作者单位：荥阳市第一初级中学）

共享成长中的幸福

陈泽清

十指紧扣，闭目深思。天真无邪的笑容，奇思妙想的创意，调皮捣蛋的神情，无不刻画出一个个让人疼爱的古灵精怪。他们就是我的六十一名大弟子。

从校级公开课《北大荒的秋天》到区级优质课《海底世界》，我们共同追寻语文的本真，展现自我的风采；从实践活动"自制冰皮月饼"到"邝山脚下见证成长"，我们共同品味成长的快乐，享受幸福的时光；从集体阅读《斑羚飞渡》到班级月报《童梦园》的出版，我们共同浸泡在语言的海洋中，品味文字的魅力。一路走来，我们在成长的路上，共享幸福的喜悦。

教学中，增强教师的服务意识。教师要从内心中散发出对教育的热爱，激发学生对学习的兴趣，引领学生发现学习的魅力；走进孩子们的心灵，让课堂充满吸引力，把"学生第一"放在教育的起点，始终突出学生的主体地位。

记得四年级下学期，第一次习作是"春游去哪里好？说说你的建议"。主题刚一揭示，全班同学就开始交头接耳、议论纷纷。突然润润同学举手说："老师，您带我们去春游吗？如果不去，写建议有什么意义呢？"霎时间，我哑口无言，只好以微笑作答。班长察觉到我的尴尬后说道："别为难老师了，现在为了学生安全都不让集体出游，春游当然不行了。"看着孩子们失望的表情，我灵机一动说道："老师不能组织大家春游，可我们还有家长委员会呀！班级家长委员会组织，我们以家庭为单位报名参加，有家长的陪同，我们既可以开展班级春游，又可以来一次亲子游，两全其美。"话音刚落，雷鸣般的掌声顿时响起。

40 分钟的习作时间教室里鸦雀无声，就连课间休息时间也无人走动。巡视中发现，有的学生洋洋洒洒写了上千字；有的学生为了能详细介绍出游的地方甚至做了手绘地图。站在学生的角度分析学生的要求，并适时地创造条件予以满足，让学生在感兴趣的领域自由发展，最终收获的不只是学生的成长，还有融洽的师生关系和和谐的教育氛围。

教学中，发现每个学生的闪光点。每个学生都是一个生命，无论是完美还是残缺，他都期待我们教师戴上一副万能眼镜，发现其身上的闪光点，哪怕只说一句肯定的暖心话。因为人最本质的需要是得到尊重。忘记成绩，多元化评价，得到的不仅仅是学业上的进步，还有学生们潜意识里巨大的学习动力。

每个班都会有那么一两个调皮捣蛋的学生，我的班级也不例外。亮亮是个大个子，和别人说话先动手后动口。女生总是绕开他，男生总是欺负他。因为不知道如何与同学交流，所以他一个朋友也没有交到。通过开学一个月的接触，我发现这个人人"讨厌"的大个子，却是个"书呆子"。他对军事、科技类的图书特别感兴趣，说起大炮、军舰、卫星那是一个滔滔不绝。在学习《跟踪台风的卫星》一课时，我们以"你知道哪些人造卫星？"为主题进入课堂讨论环节，在同学们你一言我一语的交流后，我请出亮亮同学闪亮登场。课前，我结合他分享的内容专门制作了 PPT。讲解过程中，我们配合默契，图文并茂。他获得了全班同学赞许的目光与掌声。随后，班级的几个男生和亮亮一起成立了"军事社团"，分享图书与感受。在他们的带动下，学生们先后成立了班级"巧手坊""演说家""钢琴吧"等兴趣小组，他们在自己感兴趣的领域中，追寻童年的快乐，并把这份快乐用文字记录了下来，积极踊跃投稿到班级"童梦园"文学社。

　　教师，它不仅是一种职业，更是一项事业。时代在发展，人类在进步，就会对教师这份工作也提出了更高的要求。教书育人，铭记在心。潜心教学，研教学教法；聆听心声，思学生所需。让我们放慢脚步，从容施教，沉稳前行，在教育实践活动中，和学生一起塑造美好的人性，培育美好的人格，获得美好的人生，共享成长的幸福。

（作者单位：郑州市金水区黄河路第二小学）

灵魂深处的挚爱

马红丽

从教十余年来，我一直深爱着这个职业。如果没有这个平台，我怎么会拥有几十朵小花儿？那些可爱纯真的笑脸比向日葵还要灿烂，一句句甜腻腻的糯米般的声音："老师，我好喜欢你的笑呀！""老师，你笑起来真好看！""老师跟妈妈一样哦！""老师，你真漂亮！"……嘿嘿，我总是沉醉于孩子们给予我的小小的赞美之中，我心甘情愿努力地学着做他们的老师和大朋友。

送给孩子一双理想的翅膀

一天，学习《荷叶圆圆》一课，认生字的过程中，当我出示了"翅膀"这个词语之后，有个孩子兴奋地说："老师，我做梦的时候都梦到我长了翅膀，飞了好远好远……"其他孩子听了这话，也纷纷热烈响应："老师，老师，我也做过这样的梦，梦见自己飞得好高好高……"

听到孩子这么说，我突然来了灵感，示意孩子们安静下来，我要给他们讲一个小故事，故事是这样的："每一个同学生下来都是一个可爱娇嫩的小天使，可是你们太小了，还不会飞，妈妈怕你们受伤，把你们的翅膀暂时都收起来了。现在你们上学了，妈妈把你们的翅膀转交给老师了。现在你们要在老师的帮助下，让翅膀长出来，这样你们就可以飞起来了。不过啊，小天使的翅膀有个名字叫知识，你们呀，要在老师的帮助下，努力学好知识，那么你们的翅膀才会越长越大，你们才可以离开妈妈的怀抱，飞得更高更远，去看一看远方美丽的风景，去你们想去的地方，做你们想做的事情。"

同学们听得很认真，满眼都是很向往的神情，于是我接着问："孩子们，你们愿不愿意飞得更远，去你们想去的地方，做你们想做的事情啊？"

孩子们异口同声地回答："愿意！"

"那么小天使们怎么做，翅膀才会一点一点地长大啊？"

"努力学习！"

"用心学好知识！"

"听老师的话！"孩子们纷纷回答。

在接下来的教学中，效果可想而知：孩子们劲头十足，整个课堂呈现一片良好的学习氛围。这让我更加意识到，光靠枯燥的说教，永远都是收效甚微。激发孩子的上进心，培养孩子对学习的兴趣，是需要用智慧的，需要教师在长期的实践当中，自己去揣摩，去体会，把自己放在孩子的角度去考虑，去感受，这样才会形成一个乐教乐学的课堂。

喜羊羊之"美"的教育

还有一次学习"美"这个字的时候，我又用一个小故事深深地吸引了他们。

"话说羊羊家族的羊们都很爱漂亮，尤其是美羊羊，不仅头上扎上红色的蝴蝶结，还在尾巴上扎上金色的蝴蝶结。红太狼想要那个金色的蝴蝶结，于是派灰太狼来抢。结果灰太狼张着大大的嘴，一下子把美羊羊的尾巴给咬掉了，美羊羊变成了秃尾巴羊了。"趁机出示"美"，呵呵，学生立刻记住了这个字。

"嘿嘿，我保证一次就能记对，再也不会忘了。"孩子们兴奋地喊道。

于是我接着说："美羊羊变成秃尾巴羊了，伤心地哭了。她这才意识到美也是讲究适度的，太过火反而不好了。同学们，我们穿得干净整洁，头发梳得整整齐齐就是美，不一定非要穿新的才是美，对不对啊？"

孩子们异口同声地回答："对！"

"刚才我们说的是外表美，还有一种美叫作心灵美，比如团结同学、热心助人……"

"老师，我知道了，爱爸爸妈妈也是心灵美！"

"见到老师问好，做个有礼貌的孩子也是心灵美！"

……

"同学们说得很对，那么让我们做个外表美、心灵美的好孩子吧，好不好啊？"

……

生动有趣的一堂课就在孩子们的欢声笑语中结束了，总觉得时间过得好快好快，还有好多好多的话要和孩子们一起分享。

课堂上不仅仅是要教给孩子们知识，更重要的是要教他们做人的道理。

快乐有趣的户外课堂

那天天气特别好，阳光灿烂，微风徐徐，午饭后，我和班里的数学老师带队，孩子们手牵手开始出游。我们要爬的是学校后面的小山坡，刚修的公路，挺好走的。孩子们闷了这么久，一出校门就像出笼的小鸟，步履也变得轻盈，笑容比这午后的阳光还要灿烂几分，充满了朝气。不知道哪个孩子想起了课本上《登山》这首儿歌，便大声地背了起来："一二三，一二三，林文孙燕去登山……"孩子们兴致都来了，都跟着和起来。于是我提议大家唱歌助兴，我和孩子们一起唱他们喜欢的歌曲《螃蟹歌》《买菜》《办家家》《小青蛙回家》等等，歌声吸引了许多的路人来瞧稀罕。路途中，我教孩子们观察深秋的树叶，孩子们发现有的仍然是绿色的，有的却是黄色、红色的，有的孩子由此联想起我们背过的儿歌《秋叶飘飘》，全班随声唱和，兴致高昂。孩子们又接着背古诗，我们走着唱着说着，不知不觉便爬到了山坡上。我们举目远眺，看到了一座座漂亮的楼房和工厂，我借机教他们"欲穷千里目，更上一层楼"，孩子们瞬间领悟。

坡顶的野菊花开得那么美丽，那么耀眼，孩子们指挥着我采了一大束，我们一起把芳香带回去。下山的途中，孩子们又背起了课文，还跟我一起背了加法、减法口诀。虽然孩子们觉得有些累，但是都坚持了下来。回到学校，他们依然兴奋得不得了。对他们来说，这是一次难得的户外体验。

我答应孩子们要做他们的大朋友，以后的日子里我会抽出更多的时间跟孩子们一起唱，一起聊，一起玩，让孩子们学会玩，真正做到玩中学，学中玩。

教育不是枯燥的知识，不是呆板的说教，不只是一天八小时的任务，不只是我们养家糊口的职业。这是一份大爱的事业，是要我们全身心投入进去才能真正找回自己灵魂的事业。唯有爱这份事业才能让我们走得更远，唯有爱这份事业才能给我们带来真正的快乐，唯有爱这份事业才能让我们的人生更加饱满和充实。

（作者单位：巩义市米河镇东竹园小学）

倾听花开的声音

梁君红

我们总是把孩子们比喻成祖国未来的花朵，以象征他们的朝气蓬勃和对祖国未来发展的期望。可是，面对这些千姿百态的花朵，我们可曾认真倾听花开的声音？

最近在假期里看了毕淑敏的一本书，书中文字让我颇有感触，书中有提到："倾听，就是'用尽力量去听'。这里的'倾'字，类乎倾巢出动，类乎倾箱倒箧，类乎倾城倾国，类乎倾盆大雨……总之殚精竭虑，毫无保留。"回想在上课的时候，总是气愤地评论孩子们不会倾听他人的发言，现在想想，我又何曾做到真正的"倾听"。他们的眼神，他们的语言，总会因为我工作的繁忙或心情的烦躁而被忽略。此刻细细回想，每朵花似乎都曾向我表露过他们心底花开时的声音……

在班上，有这样一些孩子，他们是人见人爱的天之骄子，品学兼优，乐于助人。他们似乎无所不能，是好班干，是老师的得力助手，他们总能让老师觉得一切都无须操心。可是曾经有过这样的一件事情，让我觉得他们在掌声、鲜花的背后，也需要一个倾听的人。她是班长，看起来是一个精明能干的小女孩，是班上孩子们公认的榜样。我从来不担心她的学习和生活。这样的孩子经常会和学习习惯不太好的孩子坐同桌，但不管是和什么样的孩子坐一起，她依旧那么优秀。当然，我会时不时地给予她一些鼓励，以为这些激励的话语足以让她更加奋进。可是，突然有一段时间，她开始偶尔不完成作业。起初，我还不以为意，随口问了句"为什么"。她说了什么我并没在意，只让她及时补完作业就好。可在后来的一次单元练习中，我才发现了问题的严重性。与她的家长简单沟通之后，我了解到这段时间她跟着奶奶住，家人对她的"放心"以及学校班干工作的繁忙，造成了她对自己学习的"放松"。

如果我能及早地认真倾听她心底的声音，让家长对她的"信任"变成她严格要求自己的原动力，帮助她调节班干工作和学习中的冲突，或许她能少走像这样的弯路。这些孩子犹如娇艳的牡丹，开在哪里就是哪里的焦点，可是这些并不代表他们在花开的过程中没有任何阻力。要知道她们一样是孩子，是易折的花朵，也需要我们去倾听，倾听她们内心真正的声音，指引她们开出自己的风采！

花有的娇艳，绚烂，有让人震撼的美丽；也有的色淡，弱小，有毫不起眼的倔强。虽然有的生命看似弱小，但是他们一样在拼了命地努力生存着。

我一直比较头疼班里的调皮孩子，因为自己经验不足，很多时候不能对症下药。后来在不断的接触中我慢慢发现，只要你能全力倾听，你必然能从细微处发现问题的真正所在。有一个孩子在我的教育生涯中让我始终铭记。他在班上并不起眼，在我最初的印象中他是个脾气有点执拗，但在遇到我时总会主动向我问好，很有礼貌的孩子。有一次，因为作业问题，我和他进行了谈话，得知他当时报了午托班，中午不回家，晚上爸妈有时间了才来接他。从他的语言中，我分明听到了他对父母的"控诉"。我当时只是进行了劝慰和开导，可是我的话语对于一个缺乏爱的孩子而言是那么苍白。之后，我和他的母亲进行电话联系，希望她多关心孩子和了解孩子的学习。但是事情并没有好转，他的行为越来越让人无法理解，他开始挑战每一位任课老师的权威。班主任告诉我，他的父母都忙着挣钱，没有人顾得上他。终于有一次，班主任叫来了她的妈妈，问他："你是想让妈妈多挣钱给你花，还是多陪陪你？"孩子哭着说："我当然想让妈妈多陪陪我啊！"这个孩子已经把他内心的声音呐喊了出来，难道我们还能不闻不问吗？后来这位妈妈在家帮他将他落下的功课进行了补习，孩子到校后高兴地对我说："老师，这些知识我妈妈都给我讲过了，我都会，作业我都补上了。"他那笑眯眯而充满幸福感的样子和当初抵触学习时的样子简直判若两人。他在告诉我，妈妈很关心他，很爱他，他愿意努力学习！

有很多类似这样的孩子，他们就像路边努力绽放的小花，当你经过他的身旁，他可能就在向你诉说着什么，那么，请你驻足弯腰倾听吧，你的给予或许就是激发他成长的养料。谁能说现在看似弱小的他，在将来不会带来一片花的海洋，成就他自身最大的价值呢？

之所以想写"倾听"，还有一个很大的原因，就是在我还是一个孩子、一个学生的时候也曾有过深切的感受。自小我就是一个非常安静的女孩，我的自尊心非常强，或许因为我太过平庸，太过中规中矩，很少有老师和父母以外的人能够关注我。每一次作业，每一次回答问题，每一次完成一个小任务，我都会近乎贪婪地希望得到他们的肯定和鼓励。我不希望他们对我的评价永远都是：内向、很认真，但学习没有方法，多是在死学。只有我自己知道，自己并不像他们说的那样认真，我有自己的方法，但意志力并不是那么好。我曾很长时间沉溺在自己的世界里，好在后来越来越了解自己，多了些自我鼓励，并有意在一些公众场合加强对自己的锻炼，也幸运地遇到了两位曾给予我最高肯定的恩师。如今，虽比儿时的情况好了太多太多，可自幼缺乏的那份自信，却始终是找不回来的，这对我现在的生活依旧产生着不可磨灭的影响。

世界上不存在一模一样的花朵，也没有一模一样的孩子，哪怕是双胞胎也各有自己的独特之处。在他们静静开花之时，所有的父母和老师，你们可曾听到花开的声音，可曾倾听他们内心真正的需求，可曾让他们用尽全力去生长、绽放，去追逐属于自己的未来？

（作者单位：郑州市中原区外国语小学）

让每个生命美好绽放

景爱玲

作为一名教师，不能把自己的工作当成一种任务来完成，而要当作一种艺术毕生追求。因为教师肩上的担子很重，一边挑着孩子家庭的幸福，一边挑着国家的未来。教育家陶行知先生说："你若把你的生命放在学生的生命里，把你和你学生的生命放在大众的生命里，这才算尽了教师的天职。"特级教师斯霞也说："人民教师对学生的爱，是爱祖国、爱人民、爱教育事业的集中体现。"为了祖国的荣耀、教育事业的得益，为了让每个生命美好绽放，每一个孩子健康成长，快乐学习，扬起心灵的风帆，到达理想的彼岸，我勤奋地耕耘着。

每当雪花从彤云密布的天空中飘落下来的时候，我的脑海里就立刻浮现我上小学时看到的一个镜头：一个一年级的小女孩上学迟到了，又没完成作业，站在教室门口，雪花落在她乌黑的头发上。这个场景，使我想到安徒生童话里卖火柴的小女孩。据我观察，那个小女孩是教室门口的常客。老师说她进教室自己不学习还影响别人，站在外面省事。到后来，这个女孩不管来得早晚干脆就不进教室了，成了习惯。女孩原本很聪明，可一直到初中毕业，成绩都没好过。老师没有真诚的关爱，只有粗暴冷漠的批评，孩子流下的只有眼泪。每想到此，我就暗下决心：如果我将来做教师，绝不让一个孩子掉队，用我高尚的师德去呵护每一个心灵。爱生是师德，是教育艺术的基础。教师要始终保持一颗诚挚的爱心，对学生的学习、思想、身体安全和生活全面关怀，时时处处为学生着想，做学生的贴心人；要经常与学生打成一片，沟通心灵，与他们建立一种民主、平等、和谐的师生关系。只有在这样一种氛围下，学生才乐意向老师吐露自己的心迹，老师也才能把握其思想脉搏，从而因势利导地教育学生，学生也乐于接受。

如我所愿，我真的成了一名教师。记得有一年，我刚接六年级，有位叫超超的同学，上课不专心听讲不说，还故意在老师讲课过程中补充一点儿"小插曲"：起身报告某个学生的情况，顺便把邻近的窗户打开，在教室里来回走动，打断了老师的教学活动，分散了学生的注意力。我没有当众斥责他，只是暗示他，让他坐下来听讲。事后，我把他叫到办公室里问他："是老师哪里做得不对伤害到了你？"他突然哭着说："我打架，你让他打我，他就把我打了一顿。"我想起来了，原来我去开会途中遇到他爸爸，他爸爸听说他和别人打架，问我有无这事，我说有。正当我要告诉他不要轻易打孩子，要给孩子讲道理时，他父亲骑着摩托车头也不回地走了。俗话说："解铃还须系铃人。"我说："这里面可能有误会。别着急，咱们再详细了解一下情况。"他了解到事情的真相后，找到我说："老师，我以后不捣乱了。"我亲切地说："老师没有关心你，让你受了委屈，我也感谢你用你的方式给我暗示，让我同你沟通。"此后，他上课听讲了，但家庭作业有时还是完不成。一次，我讲《小抄写员》一课，让同学们找感受最深的地方，他找的内容是："叙利奥忍受着父亲一次又一次的责骂""啊，父亲不管我了""父亲对我的冷漠一天天加重了"。透过这些现象，我想，他在家里一定得不到好脸色。通过家访，我了解到他父亲爱打牌，从来不过问孩子的学习，只要听说孩子在学校里调皮，就是狠打，由此，孩子产生了逆反心理。他妈妈说，孩子不听话，不好好学习，他们气得"身上的肉都是蹦的"。这次我吸取了教训，趁他和他父母都在，我说："我们这一代上学没上好，文化水平不高，但我们不能让孩子走咱们的老路。人家城市的孩子成绩不好都请家教，咱没那条件，自己多关心孩子一点儿，多同孩子交流一点儿，看看孩子在想些什么，结合自己的经历给孩子讲讲知识的重要性。有人喊你打牌，你说要辅导孩子的学习，我相信他们也不会勉强你的。有些作业你们辅导不了，可以费点儿事去问问邻居，总之让我们携起手来，共同为孩子的将来做出我们的努力……"一直旁听的超超脸上露出了笑容。他进步了。

教师不仅要有一颗燃烧着的火热的爱生之心，而且要有智慧和能力，善于捕捉教育良机，有效地帮助学生进行自我教育。苏联教育家苏霍姆林斯基认为，自我教育是真正的教育，要想启发学生进行自我教育，老师就要非常细致地触动他最隐秘的心弦——荣誉、尊严和高尚的气度。我班有个学生敏敏，学习较好，有一段时间，上课做完作业后老爱说话，课间我对他说："敏敏，你脸上有灰，到我办公室，我帮你擦干净。"恰好办公室里有老师在，我不想趁别人在场教育他，就让他走了。下午放学后，我叫住了他："有人给你指出脸上的灰吗？"他说："没有。"我拿出一个小镜子让他好好照一下，这时，他的眼泪簌簌地流下来。我说："你哭什么？"他说："我上课总是管不住自己，老是说话。"我拿起手巾给他边擦泪边说："你是一个聪明的孩子啊，我上午叫你，为什么又让你走了呢？有其他老师在，我爱护的是你的自尊心。没有人不付出努力就能获得成功，所以你一定要严格要求自己，倍加努力。"他点了点头。我骑摩托车把他送到家门口，以后的日子他改掉了毛病，期中考试名列全班第二。

苏霍姆林斯基说："不理解孩子的内心世界便没有教育文明。"小学阶段是儿童世界观、人生观、价值观尚未形成的时期，他们这一时期有着丰富、复杂、易变的精神世界，因而特别渴望他人能了解自己、帮助自己，同时也渴望去了解别人。教师应掌握学生这一心理，亲近学生，倾听学生，全面地了解学生的内心世界。小军，上四年级时，我是他的班主任，他学习差，我关心他，给他补课，学习有了点儿进步。谁知小军转到他校一年，回来后学习没搞好，又多了一些盛气凌人的毛病，嘴上常说着："人不犯我，我不犯人，人若犯我，我必犯人。"他生病时，我带他看病；每次作业本上，我给批的鼓励性语言、关于学习重要性的名言警句不计其数，批语少则百十字，多则二三百字……他也感动过，可学习积极性丝毫没有提高。一次无题作文，他的题目是"师恩难忘"，写的是他为自己有我这样一位老师而感到荣幸，他说全世界的老师都不能与我相比，他永远爱我，还记述了我如何关心他、爱护他的事。我非常感动。可以说，对这个孩子的转变，我是抱着他犯 99 次错误，我就有 100 次帮助他的耐心的态度。我写了二百多字的批语："你写得很真实，很感人，字再写工整的话，将无与伦比。你真是一个可爱又淘气的孩子，写的文章把老师的眼泪都催出来了，你爱老师，你也是老师的真爱。我把你的作业作为老师用心与你交流的纽带……"这是一颗让人感动的童心。我把他写的作文给他看，我说："好孩子，你有什么委屈对老师说出来吧，你的想法不想让别人知道，那就天知地知，你知我知，我会替你保密。"他泣不成声地说："老师，你看我的白眉毛，我是白癜风，花了几千元也没治好，低年级的学生们喊我'白毛大侠'。我在那个学校考试成绩差，同学们说我是西瓜皮点火——不咋着，老师也不制止。老师让我学习我不学，同学们又嘲笑我是大年初一逮只兔子——有你没你照样过年，老师说他对我是芝麻秆喂驴——吃不吃，让到了。俺爸也不在家，没人管我的学习，反正是不行了，我也不想学，我在学校度日如年……"这是一颗多么需要呵护的心啊！我说："当我带你看病，给你买方便面吃，用心给你写批语的时候，你能体会到老师的感情吗?"他说："你很快乐。"我说："人生的价值和快乐在于奉献，在于为别人做有益的事情，你不能生活在别人对你的嘲笑里，这样你永远都快乐不了，现在不学习将来拿什么去换取快乐？你的作文写得很好，当我评讲你的作文时，你很快乐，同学们也对你刮目相看，这是你努力获得的。你能行的，好孩子，快点成长吧！"他若有所思。列宁说："没有人的情感，就从来没有也不可能有人对真理的追求。"教师要千方百计地给学生插上理想的翅膀，让他们在知识的王国里愉快地飞翔。浙江师范大学教授金生鈜说："真正的教育对儿童满怀敬意，真正的学习对儿童充满爱护，真正的教师对儿童满怀尊重。"作为教师，我们希望学生尊重我们，学生同样也不希望我们伤害他们的自尊，我们应为他们的成长撑起一片蓝天。小军的心态变了，慢慢振作起来，他在日记中写道："我每天都很快乐，时间过得真快，又要到双休日了。天空啊，湛蓝蓝的，云朵啊，白生生的，大地啊，碧青青的……"

教育家陶行知先生说得好："教育孩子的全部奥秘在于相信孩子和解放孩子。"没有教育者的真情投入，哪有学生的真情回报？教育是人和人心灵上的相互接触，师生之间的感情是学生健康成长的阳光雨露。在孩子人生的道路上，如果我们能够多些表扬，少些批评，多些鼓励，少些挖苦，多些肯定，少些否定，多些目标，少些盲目，为祖国的繁荣昌盛站好讲台，关爱每一颗心灵，让每个生命美好地绽放，让孩子们每天都有一个灿烂的笑脸，则国之幸甚，民族幸甚！

（作者单位：登封市大冶镇第一中心小学）

灵魂的互动

娄凤霞

教育本身就意味着：一棵树摇动另一棵树，一朵云推动另一朵云，一个灵魂唤醒另一个灵魂。

——德国哲学家、教育家雅斯贝尔斯

这是我刚刚踏上工作岗位时接触到的一句话，它不仅充满哲学思辨而且饱含诗意的美感，用精确又形象的方式阐述了教育的本质，因此它很快就成为我最喜欢的教育箴言。工作这些年来，它总是时不时温柔地提醒我——灵魂，才是教育关注的终极目标。

从 2008 年入职到现在，我已经工作了六年。刚入职时我满怀热忱，像块崭新的电池，满是能量和热情，然而在现实的教育现场经历一番后，才发现，不是仅仅凭借热情就能解决现实中的问题。一方面是理想上对自己的要求，想要积极转变，解决问题；另一方面是现实中的不得其法，进展缓慢。两相矛盾下，突破不了瓶颈，更是自己跟自己怄气，于是能量耗损大半，整个人随之黯淡下去。就在这时，一件事情改变了我。

当时我在教一年级美术，有个男孩引起了我的注意。上课的时候，他不像其他的孩子一样兴趣盎然地画画，而是与前后左右的同学说话，或是不停捣乱。不管我怎么引导，他都不会保持安静。我走过去问他为什么要说话捣乱，他就呵呵一笑，也说不出个所以然。起初我很生气，觉得这个孩子真是太调皮了！可课总是要上啊，但是不管用什么方法安抚或批评他，都没有什么效果。我不禁开始纳闷：我自认为已经把课准备得很充分了——幻灯片很好，课堂气氛也调动得不错，可为什么还是不能让他专心投入呢？噢，会不会是因为他不画画，没事干，所以才说话？可为什么他不画画呢？我就问他："为什么你不画画呢？"他想都没想地说他不会。这让我更困惑了——因为这幅画很简单，简单到只要动手拿笔开始就可以——"那到底是为什么？"

为了解决这个问题，我开始翻找资料，终于在一本心理学的书籍中看到"习得性无助"这一概念，瞬间豁然开朗。这一概念源于科学家的一个实验：研究人员把一只小狗锁在铁笼里，小狗反复尝试逃脱，却不停失败，直到最后完全放弃。这时，即使研究人员把笼子上的锁打开，小狗只要轻轻一碰就能逃脱，小狗也会不为所动，不再做任何尝试。可是如果换成是以往有逃脱经验的狗，那么它尝试的次数就会多很多，逃脱的概率也大很多。这个实验验证了"习得性无助"这一心理学原理：个体长期处于一个焦虑而无法逃脱的环境中，久而久之会产生一种消极心态。

根据这一原理，我试着去分析这个孩子——是不是因为最初几次的跟不上，导致他彻底放弃尝试？我不愿看到一个孩子失去画画的乐趣，所以决定尝试改变这种局面。在画画时，我刻意给他更多的辅导，使他掌握了一些基本技巧，画有了一点进步。这些进步就是给他的甜头，打破他对自己不会画画的认识。然后刻意在班里夸奖他进步大，他就更有了信心。如此坚持了三节课，就发现他的变化——不再说话捣乱了，能稳稳地坐在自己的座位上低头画画，听到我表扬他的画，也扬起黑黑的小脸腼腆地咧开嘴笑。最让我惊喜的是原来对美术课不屑一顾，从不带彩笔的他，竟然开始主动带起了彩笔。这说明他享受到了画画带来的乐趣，他盼望能来上美术课，并提早准备着。

  我从这个孩子的身上看到了喜悦，这是艺术带给他的喜悦，是专注一件事带给他的喜悦，是老师的认同带给他的喜悦。这喜悦像是光，不仅点亮了他的眼睛，给他的灵魂注入一缕新的光彩，也点亮了我。就在他高兴地拿着画作递给我看的那一瞬，我们四目相接，我忽然明白，我们终于停止互相对抗，开始彼此沟通，彼此信任，就像是那个小小的灵魂终于和我这个大大的灵魂轻轻碰触并牵起了手。换言之，他不是这件事唯一的受益者，他也点亮了我，治愈了我，让我看到了努力带来成功的可能，让我体会到我不再是跌跌撞撞无意义地东敲西打，而是经过一番摸索，在纷杂的路口中找到了属于我的那条路。

  也许这就是教育的意义和本质，它首先是一个精神成长过程，然后才成为科学获知的一部分，它不是仅仅强调知识和技能的传授，更是情感上的触碰和交流。这种交流不只包含老师到学生的单向的交流，更包含由学生到老师的反馈，这是一个循环往复的过程，是一场灵魂的互动——我们彼此唤醒，彼此触动。

  感谢雅斯贝尔斯，感谢他的这句话，感谢这个孩子！

（作者单位：郑州市中原区郑上路小学）

目送，也是一种幸福

杨婧婧

龙应台在《目送》中写道：我慢慢地，慢慢地理解到，所谓父女母子一场，只不过意味着，你和他的缘分就是今生今世不断地在目送他的背影渐行渐远。

——题记

父女母子如此，师生亦是如此。我们在放学时刻目送孩子们远去的身影，在操场上目送他们奔跑的背影，在领奖台上目送他们胜利的雀跃。难道目送不是一种幸福吗？

这幸福的片段镌刻在人生的路途中，成为不变的鲜活记忆，激励着我们教育工作者不断前行……

瞧！他开始学习啦！

这是五年前的一件事，我们班转来了一个新学生名叫小宇。进班第一天，他最显著的表现就是不听课。他的眼睛以前做过手术，确实是有些不舒服，但也不至于不能看课本不能看黑板。于是，在上课时，我就经常提问他，有时候点他的名字，来告诉他要注意听课了。慢慢地，随着我的提问，他对课堂常规有了意识，目光稍微集中了起来。

由于他曾就读的学校活动比较多，教学进度与我们相差了四个课时，我便利用中午的时间给他补课。我也经常选择课文中的词语给他多听写一遍，因为他每次听写都要错一半以上。其实经过多次接触我觉得他不是个笨孩子，而且还挺可爱的。课间他总是会给同学们唱一些歌曲，他的声音很好听，大家都围着他，他得意得像个明星似的。我常利用他的优点鼓励他："你的歌唱得真好，如果字也能写好，就更棒了！""你真是个大明星，可是在学习上也要让我们刮目相看哦！"关注多了，总会有些起色。

一天，在习作课堂上，他大胆指出：小涛的作文题目为"一个溜溜子迷"，但是在文中并没有表现他自己着迷的事件，重点不够突出。当时我很惊讶，这个孩子竟然发言了，真是"奇迹"！晚上放学铃响了，他还在埋头苦写，我就走到他身旁看了一下，写了四百多字了，并且语言很流畅，他高兴地说："老师，我觉得我写得还不够精彩。""那就继续写，我等着你。"十分钟后，他的作文写完了，我看了一下，真是不错。"老师，我以前作文写得很短。"他歪着脑袋说。"现在为什么写长了呢？""您讲课好，我喜欢听您讲课，所以我就写长点。"这话我听着心里美滋滋的，一个孩子的肯定，对一个老师而言是多么幸福的事情啊。站在教室的后面，看着他那胖乎乎的身影，我想："教师是辛勤的园丁"，既然是园丁，就让我们如一个养花人一样，不断学习探索，不放弃花园里每朵含苞待放的花，因为他们身上有无穷的潜力。

看！他那坚韧的品质！

小宝，让我难忘的学生之一，一个唐氏综合征后遗症患者，确切地说是个残疾的孩子，但是他身残志不残。和别人不同，他的手指伸展不开，两手夹着笔写字是他完成学业任务的唯一方法。他的腿行动不便，上下楼梯时需要搀扶。但就是这样的他，仍旧能够把字写得工工整整；就是这样的他，仍旧能将体育老师布置的任务，艰难完成。我打心眼里佩服他！

小宝是家里的"宝贝"，爷爷奶奶就这一个孙子，爸爸妈妈也没再要第二个孩子，加之他有疾病在身，按说不应该参加家里的农活。他所在的村子是板栗的盛产地，他妈妈说："到板栗丰收的时候，他总是强烈要求要帮助大人。"一个十几岁的孩子，竟有这样的毅力和爱心，这是多少健康的孩子不具备的品质啊！采摘板栗是件复杂的事情，顶着烈日，迎着风雨，弄不好手还会被栗壳上的刺扎出鲜血，采摘板栗后伤痕累累是常见的事情。可是小宝一干就是半天，不叫苦不叫累。

那天早上，走进教室后，我发现讲桌上放着一大袋板栗，不知道是谁拿来的，正准备问学生，教室里沸腾起来，他们七嘴八舌地说："老师，是小宝送给全班同学吃的。""是的，是的，小宝摘了一上午呢！""老师，这是爱心板栗！""老师，这是友情板栗。"小宝耷拉着脑袋，不好意看同学们，但是他给予的爱已经弥漫到整个教室了。我把板栗分了分，每个同学几个，分享着这坚韧的果实、爱的果实。

毕业了，最后一次把这届学生送到学校门口，小宝扭头对我笑笑，招招手。我目送他那高高的身影，也招手示意了一下。这背影从此就在我的脑海里挥之不去了，不知道他后来是否继续上学，又是否找到了好的工作，过得是否幸福。这些年我仍在祝福他！他能告诉老师的也许是：祝你幸福，不必追。

听！这温暖的声音！

孩子们那温暖的话语，小小的背影，也会给我们带来春天般的温暖，让世界充满生机。

一天中午放学，同学们都纷纷走出教室。路队长戴好安全帽，举起小黄旗，我也慌忙地整理好书本，准备去做饭。一切都是很自然而平淡的。每个走出教室的学生都会微笑着或招着小手对我说："杨老师，再见！"就像走在校园里不管是哪个学生都会说"老师好"，我都习以为常了。可是，小晖收拾好东西，离开座位，小手摆动着："亲爱的杨老师，再见。"一个小身影跳跃着在视线中消失……顿时，我觉得心里暖暖的，有种难以诉说的感觉，是感动却不澎湃。为什么语言的魅力是那么大呢？一句"亲爱的"出自于我的学生，这里一定包含着对我的独特情感，不是敬畏，而是一种朋友似的温情。每每回忆这个片段，我都想说：谢谢你了，小晖！

还记得，一天放学，步行街上人山人海，穿过人流，到达我们班的指定接送点，虽然只有十米远的路程，却好似走过了万里长征。我们班的小宝贝们因为平安夜的缘故，也特别兴奋，他们围成一堆儿，背着我说起了悄悄话，然后一起说："杨老师，圣诞节快乐！"有个小朋友把小脸蛋凑到我旁边，轻轻地问："我家没有烟囱，圣诞老人怎么进来给我送礼物呢？"我也悄悄地对他说："也许他会从你的梦中来呀！"有几个小朋友用丝带包着一个"平安果"塞到我的手里，慌慌张张，坐到妈妈的车上，俏皮地招招手说"再见"。那小小的背影渐行渐远，我站立在人群中思忖着：圣诞节，孩子们因为有圣诞老人的梦想而幸福着，而我因孩子的幸福而幸福着！

我是多么喜爱我的每个学生——我喜爱他们天真的笑脸，喜爱他们围着我告诉我一些他们的新鲜事，喜爱他们歪着脑袋问我："老师，你是哪个星座的？"喜爱他们偷偷告诉我："这是咱们之间的秘密！"喜爱他们说："今天您穿得真漂亮！这是哪里来了一位漂亮的老师！"

目送他们，倾听他们，那是何等幸福！

写在后面

从事教育事业的我们，当某年某月的某一天，掀开午后的窗帘，一缕阳光折射到脸颊时，我们最先沐浴的是教育给予的爱。透过阳光，我们仿佛看到曾经那一张张熟悉的脸颊、一个个生龙活虎的背影、一段段温暖人心的话语，我们不再是人类灵魂的工程师，而是在和学生一起铸造教育的灵魂。

话尽于此，请允许我套用龙应台的话语：所谓师生一场，只不过意味着，你和他们的缘分就是今生今世不断地在目送他的背影渐行渐远，并感受幸福，祝他们幸福！

（作者单位：郑州市郑东新区聚源路小学西校）

春天如画

孙君丽

"历经几度寒暑苦，又是一年春来早。"春的使者，驱散了料峭的寒风，送来了温暖的气息！千姿百态的生命，踏着柔媚的春光，尽显他们独有的个性与美丽，幻化出一个神奇的世界。少林实验小学犹如这多彩的季节，焕发着春的魅力，少林实验小学的师生们在"求真、扬善、臻美"的理念指引下用真诚、温暖、积极、奋进书写着他们对生命的诠释，演绎出一道亮丽的风景，而我和六（2）班的这群孩子正是这风景中的一角。

春之耕耘

那个清亮的早晨，当我依旧踏着欢快的步子走进校园时，一群神色慌张的孩子向我涌来。"老师！""老师！""不好了！""不好了！"孩子们七嘴八舌急于向我表达。"别慌。一个一个说。""老师，我们班小明同学被打了！"我的心顿时一揪。"人呢？""翻围栏跑了！""为什么不拦住？""他是趁大家不注意跑的！"

"挨打还要跑？"我冲向教室迅速展开对事情来龙去脉的调查，原来是班上的两个男生喜欢同一个女生，为此他们各带了几个"哥们儿"进行了一场挑战，失败的一方因觉得没面子，就翻越围栏跑出去了。由于他们约定的时间正是任课教师未到校、生活教师打饭的时间盲点，地点也是较隐蔽的车棚，所以未被及时发现。

几个孩子一起出去，这还了得！我深知事情的严重性，急忙向学校报告，并及时通知学生家长。学校组织部分男教师对学校周围展开了搜索。时间像一只蜗牛一点一点地爬着，而我的心却像热锅上的蚂蚁。终于在老师和家长的共同努力下孩子找到了，当学校的耿老师将这个消息传递给我的时候，我紧张的心情总算稍微放松了一些。

看到几个受伤的孩子回来，我的心不禁隐隐作痛。受伤孩子的家长强烈地表达着他们的不满，并且要求另一方家长给孩子看病。在医院里，一方家长要求做的某些检查项目不被另一方家长接受，我只得从中调解。还好检查的结果是孩子们都无大碍。从早上闹到下午一点半，我和孩子及家长终于返回了学校。

虽然学校的餐厅依旧为我准备了热乎乎的饭菜，但此刻我真是难以下咽，随便扒了几口。伙房的师傅劝我多吃一点儿，我说我已经吃饱了。在学校与家长不断的沟通中，家长的不满及他们双方的矛盾逐渐融化，大家商量了解决的方案，最后他们离开了学校。

我也带着些倦意走进了教室。这天正是周四，下午的后两节是我的作文课，孩子们已端端正正地坐在自己的位置上，一双双眼睛关切地望着我，这一刻我的情感知觉蓦然间苏醒，两行泪珠从双颊滑落，教室里静得只能听到一阵阵清晰的啜泣声。打架这样的事情，发生在我们班，大家都有点难过。记得从接手这个班开始，我一直都以"班级是我家，我爱我的家"的思想教育同学们，目的是让这帮吃住在校的孩子们，感受到像家一样的温暖。孩子们也很争气，集体荣誉感很强，在学校和少林办事处举行的各项活动中都名列前茅，特别是我班的简化少林拳打得那叫精彩，颇得众人的称赞，可以说班上良好的班风班貌已逐步形成。在难过之余我也突然意识到，这帮可爱的小不点在慢慢长大，他们正悄然步入青春期。我要帮助他们顺利度过！我理了理自己的情绪，郑重地对同学们说："孩子们，对于今天我们班发生的事情我感到十分难过，难过的是打架这样的事情竟然会在我们班发生；难过的是那些参与打架的学生，是如此的鲁莽，毫不顾惜手足之情；难过的是某些同学不知道在这个花样的年华，最应该做些什么；难过的是你们太过于保守心中的秘密，遇到事情，把我当成了局外人。这像一个和谐的班级吗？这像一个和谐的家吗？所以今天的事情值得我们每一个人反思。"我顿了顿，接着说，"不过我也发现你们在渐渐地成长，你们已经开始学着欣赏别人，也关注被别人欣赏，这是你们成长的标志。一个人之所以被人欣赏是因为具有良好的品质和进取的精神。你们现在正处在塑造自己良好性格的重要阶段，应该明确自己的目标，好好反思自己当前的状况，做一个短期的计划，把自己的心理调整到正确的轨道上来。面对今天的事情，我认为是认识上的偏差而导致的行为上的鲁莽。我希望就此事，所有的同学都能进行深刻的剖析，并写出自己的观点和看法。"

沙沙的写字声在教室里响起，我想这一整天，无论是对我还是对孩子们而言都是一次宝贵的经历，孩子们获得的是他们对自己的又一次新的认识。

春之播种

这正是"乍暖还寒"的时候，虽是春季，但气候的冷暖变化幅度很大，班上几乎所有的孩子都穿着厚厚的衣服，唯有她在冷冷的微风中瑟瑟发抖。"春娜，这么冷的天你没带厚衣服吗？""没有。""扣子怎么不系上？""坏了。"只见她十分破旧的外套内穿了薄薄的秋衣，这怎么会不冷呢？想想这孩子也挺可怜的，母亲有精神方面的疾病，她自幼是在外公的照料下长大的，如今外公年纪大了，还要挣钱养家，对她怎么能照顾得十分周到呢？

中午我回到家里，找出了自己以前穿的厚衣服和几件毛衣。当我帮她穿好棉衣的时候，我分明看到了她眼中闪动的泪光。"你看，你穿上真合适。""老师，谢谢您。""嗯，去做自己的事情吧！"她走向自己的座位开始认真地做起了作业。看到她如此勤奋，我很欣慰。记得她刚转到我们班那会儿，是个怯怯懦懦的女孩子，不爱说话，不爱出去玩，上课也极少主动回答问题。于是我就把班上的几个女班长找来，交代她们在生活和学习上多帮助春娜，多带她和其他的同学玩。我在课上也有意多提问她，并及时鼓励她，"两免一补"指标下来我第一个先给她报上。就这样在大家的帮助下，她性格开朗了许多，课堂上能和其他孩子一样争先恐后地举手回答问题，课下也能看到她和大家一起说笑玩耍。是什么改变了她？是暖暖的爱。

又一个清亮的早晨，阳光又一次游走在校园里，伴随着一张张可爱的脸庞，一声声清脆的问候，新的一天如画卷般展开。"小波，你负责的那块墙壁打扫好了吗？"听到我这样说，这个小男孩如梦初醒，不好意思地拿着抹布冲向自己的卫生区。看着他的背影，我微微地笑了，班上的几个孩子也会意地笑了。看到他的进步，我真高兴。

记得以前这可是一个倔强的小男孩，他是少林慈幼院收养的孤儿，性格极其孤僻，不能和其他孩子和睦相处，不遵守规则和纪律，别人给他指出来，他还一脸的不服气。有一次中午，同学们排队吃饭，他却加塞，后面的同学说了他，他一气之下把碗一摔，跑到自己位置上哭去了，弄得他的同桌又是帮他刷碗，又是帮他盛饭。打扫卫生更是马马虎虎，他所负责的卫生区接连不断被扣分。为了班级的荣誉，卫生班长亲自指挥，有时说得重一点儿，他就撂挑子不干了，卫生班长只好亲自干。就连他自己的位置，也不能保持整洁，室内卫生也因此常被扣分。久而之，大家也都认识到这是个特殊的同学，因此在一些小事上不再与他斤斤计较。后来我们班又转来了一位新同学，班委抓住时机对我说："小波的卫生区，干脆让新来的同学干吧！"再问其他同学，大家都没意见，由此，他成了我们班的重点"保护对象"。这样过了一段时间后，我班恰巧一位同学生病住院了，他所负责的卫生区因此被空出来，我只好给小波做工作说："你看小鹏生病了，他所负责的卫生区没人负责了，你接替一下怎么样？"他点点头。"能干好吗？""能！"不爱说话的他就这样回答了我。说实话，让他接管，大家都不放心，只能抱着试试看的态度。记得那次卫生班长兴冲冲地跑来对我说："老师，小波打扫得可干净了。"我听了万分高兴，当天在课前及时表扬了他。自此他改变了很多，变得不再那么孤僻、执拗了，规则意识也明显增强。操场上看到他和其他孩子快乐玩耍的情景，我不禁有些感慨：每一朵花都有盛开的理由，每一棵草都有泛绿的时候。用爱和温暖去宽容他们，呵护他们，野百合也会有美丽的春天。

春风化雨

校园里春意渐浓，枝头上鲜嫩的绿色和粉色，在这暖暖的阳光下，在这温柔的春风里，更显得妩媚动人，操场上优美的旋律伴着同学们朝气的跃动，好一幅生机勃勃的校园春意图！忽然间，沉稳而有力的简化少林拳的乐曲响起，操场上所有的孩子都严阵以待，弓步抱拳，一招一式，刚健有力。瞧，六（2）班的这群孩子已脱去稚气，在这春的背景里，尽显他们飒爽的英姿。去年孩子们练拳的情景，犹如昨天，历历在目。这些孩子以前从未接触过武术，更谈不上有什么基本功，一招一式要学到位，还真是不容易，练不到半天，有的孩子就顶不住了。到了第二天，一个个全都喊着自己生病了，说腿疼、腰疼、胳膊疼，有的甚至以为自己生了什么大病，吓得要回家看病。我笑着对孩子们说："你们现在的症状不是生病，而是昨天我们练拳引起的，因为我们以前从未练过拳，这是初次练拳的一种自然反应，大家不要惊慌。老师昨天不也和你们一块儿练了嘛，我现在和你们的状况一模一样，看来我们目前的身体素质真的有待于提高。同学们若能坚持一星期，疼痛自然就会消失。要想把身体锻炼好，就得继续坚持下去，拳练好了，身体也就更好了，岂不是一举两得？"在我的带动下，孩子们显得很坚强，坚持每天练拳，我也不时找一些优秀的拳法表演让同学们观看，有时让大家说体会、谈看法。一个星期过去了，同学们的身体果然不再有疼痛感，练起来也更带劲儿了。又两个星期过去了，基本动作已学得差不多了，可打出来的效果仍是拳不像拳，舞不像舞。于是我找出屠洪刚唱的《中国功夫》让同学们听，并找出十个悟性较好的孩子，每天趁课余时间反复观看简化拳的录像，让他们细心琢磨，用心体会，还让他们讨论总结并达成共识，然后将全班同学分成十个小分队，每两天分队之间比赛一次。这样队与队之间谁也不甘落后，队长认真指导，队员刻苦练习，有的队甚至自发组织在课余时间加班加点练习。功夫不负有心人，我班孩子的拳技突飞猛进，在少林办组织的比赛中荣获了第一名的好成绩。在这次活动中同学们学会了打拳，增强了体质，锻炼了意志，同时也争得了荣誉，更重要的是这个过程也是对同学们心灵的一次历练。瞧，现在我们班已是学校少林简化拳的示范班，每天课间操，我班都要派出一个纵队为一二年级的小朋友做示范呢！在这暖暖的春光里，一张张自信而富有朝气的脸庞，犹如一朵朵美丽的鲜花，奏响着和谐的旋律，演绎着动人的画面！

这一个个动人的小故事，如一颗颗爱的种子扎根在孩子们的心田，回荡在我的记忆里。岁月的流逝能改变我年轻的容颜，但抹不去我心中那美丽的春天。我微笑着走到孩子们中间，做他们的老师，做他们的朋友，做他们的家长。窗外的樱花开了，又谢了，校园里的草黄了，又绿了，但我和孩子们的心却依然四季如春，我们正用真诚和爱心描绘着一幅幅春的画卷。

（作者单位：登封市少林实验小学）

立足此地深挖井

周　雯

在教师岗位上我不知不觉地已经工作了近十年，经历过一些喧嚣以后，感觉到人生中的那种平静和平淡，才是真实的东西。人只有让自己平静下来才能去做点真实的事情。我时常在想，做一个好教师首先就要有理想和奉献精神，要为理想甘做那些极为平凡的事，甘做那些别人不愿做的小事。教师的职业其实就是关注那些小事与平凡的事的职业。何为名师？其实就是我们常常说的好教师，一个能干事、会干事、干好事的普通的人。

辅导学生中的感悟

我在四（3）班上美术课，讲到《生命之源——水》一节时，课程的最后让学生以水为主题画一幅美术作品，有的学生设计节约用水的标志，有的学生描绘了水被污染后的景象……过了一会儿，就有学生让我点评他们的作业。这其中有一个叫小克的男生，交给我的是一张贴纸作品，上面用彩纸剪出了我国古代早期的水纹陶瓷盆，他把各种形状的瓷盆都剪了下来，而且摆放得很有意思，有立着的，有倒着的，有口朝上的……整个画面生动有趣。看到这张作品，我很高兴，当着全班同学的面表扬了他。他脸上露出自信、自豪的表情。据我了解，小克在学习上并不是特别优秀的学生，但他对美术课却表现出不同于一般学生的热爱。在之后的课上，我经常鼓励他，我觉得他能用自己特有的思维去表现事物，这一点很难得。他也经常找我，让我看他的美术作品，我会非常认真地指导他。他变得更爱上美术课了。每当在校园里见到我，他会主动跑过来向我打招呼："周老师好。"我会非常热情地回上一句："小克，你也好。"这次六一画展，小克画了一幅很现实的作品《城市建筑工人》，这幅画描绘的是建筑工地的场景，画面上许多建筑工人在那里辛勤劳作。我问他："怎么会想起画这个题材？"他说："因为我家周围都是工地，经常见到这样的场景。"我想，孩子亲眼见到，亲身经历生活，并能用画笔表达生活，这不正是艺术创作的来源？

艺术是一种可控的情感表达，是人类独有的一种生活行为方式。我觉得，有必要在我的美术教学中培养学生这种表达自己真实情感的艺术能力，并引导学生正确地对待生活、感悟生活。我想这也是教育的目的之一吧。

我希望我的美术课能给学生带来一点儿东西。学生在美术学习中能获得很多非智力因素的提高。而我，一个曾经教过他们美术的教师，只希望，在他们所拥有的学科素养中，有我给他们的那一点点生命中应该具备的美术知识、技能、感悟。

点燃心中的火花

幼聪：老师，我想设计玩具。

我：很好。现在有设计好的作品吗？

幼聪：没有。

我：你既然喜欢，不妨设计一个试试。

幼聪：ok！我相信以后我会成功的。

我：但要记住，有了目标，就要努力去做，不做肯定不会成功。我可以介绍几款玩具的样式，你可以先尝试设计。

幼聪：好，多谢老师指点，我会终身受益。

从这件事上我明白了一个简单的道理：学生"手头"掌握了多少知识并不重要，重要的是，他们"心中"有多少火花被点燃。他们不需要一味地被"灌输"，而是需要受到"启发"。我们平时的教学内容决定了，学生走出教室时，心中的火花是"熄灭"还是被"点燃"。

每个学生都是一个独特的个体

我在辅导学生完成美术作品时，总会发现一个现象。画到一半时，突然有个学生发现某某的作业画得很好，总是会说："老师，你看××画得多好呀。"然后全班都围过去看。我看过之后，当然肯定这位学生作品的优点，同时也会问其他的同学："我也看看你画得怎么样吧？"许多同学会不好意思地笑着说："我没有他画得好。"我会笑着说："你看，你的画用上这种跳跃的短线条，正是表现了你现在的快乐心情，对吗？你看，我们的艺术大师和你一样也是用了这种方法表现自己心情的。"

在这种情况下，许多学生会在潜意识里把自己和其他的同学进行比较，并且心中充满了对他人的羡慕，同时自认为自己在这方面不如别人。时间长了，学生会对美术学科失去信心和兴趣。这是一个误区。美术学科与其他学科不同，美术学科教学更强调每一位学生是一个独立的情感个体，有着独特的天赋、技巧、优点和梦想，他们都可以用画笔及其他的美术语言表达自己的情感，而且这种表达是独一无二的，是最真实的，并不存在谁画得好，谁画得坏。我在这方面特别注意培养学生的个体独立意识，从不会拿这个学生与另一个学生进行比较，更不会让这个学生向另一个学生学习，我会帮助每一位学生发现他们自己的优点和与众不同的地方。这样学生的自信心会得到很好的保护，对美术的学习兴趣也会得到提升。我相信：每个学生都是一个独特的个体，都是他自己。我就这样对待他们，赞美他本人，而不是强迫他成为别的什么人。

抓住每一个教育的契机

鹏雪：老师，你给我评一个吧。（QQ 评价好友印象）我：嗯，"一个恬静的小女孩"。（网上评价）鹏雪：老师，你还没见过我的真面目。我：嗯，所以只是印象啊，呵呵。鹏雪：对啊……我：呵呵，给人的第一印象和接触后是不一样的，但与人第一次接触时，一定要给人留下好印象。鹏雪：嗯，我知道了。

小娆：老师，我被××耍了，她把我的友谊都骗走了。我：是不是误会？小娆：不是，我不会再有朋友了。我：别这样灰心，有些事，冷静后，可以再想想。小娆：我对××很绝望。我：你可以对某件事绝望，但是不要对"朋友"绝望，我还是相信这世上是有好朋友的。小娆：唉，谁是我的朋友呀？我：你可能还不知道"朋友"这个词什么意思，所以不知道朋友是谁。小娆：嗯，我还小。我：但可以去学。小娆：老师，你教我？我：朋友是你在危难时主动帮助你的人；朋友是你在伤心时愿意听你诉说的人；朋友是你有缺点时主动指出来的人。小娆：哦，谁是我的朋友呀？我最近要开始找了。我：呵呵，你觉得朋友是开始找就能找到的吗？小娆：有可能找到，也可能找不到。我：朋友需要相处后，慢慢地了解。小娆：嗯，知道了。

通过以上两个生活中真实的小案例，我认识到，当发现学生的不足，想去教育学生时，单纯说教是行不通的，必须立足于学生亲身经历的事去正确引导他们，那样他们才会理解得深刻。好的教育应该是无痕的，让学生在自然的生活状态下成长。

提醒自己为什么选择当老师

《窗边的小豆豆》中，小林宗作先生说："无论哪个孩子，当他出世的时候，都具有优良的品质。在他成长的过程中，会受到很多影响，有来自周围环境的影响，也有来自成年人的影响，这些优良的品质可能会受到损害。所以，我们要早早地发现这些'优良的品质'，并让它们发扬光大，把孩子们培养成富有个性的人。"

六（2）班有一个学生叫小新，了解他的老师、同学对他的评价一般是这样：这个人不正常，有病，整天不上学，就知道打架……他的成绩分别是语文 60.5 分、数学 13 分、英语 17 分。很少有人与他来往，他没有什么朋友。我是无意中在网上认识他的，在与他接触的过程中，我发现，他是一个逆反心理极强的学生，不知道怎样与人接触，一般人说话他都不会听，如果话不投机，无论你是大人还是同学，他都会用过激的行为与你对抗。经过了解我知道，他这种性格与他的成长环境有着密不可分的关系。外表蛮横的他，其实内心很胆小、懦弱。他喜欢画画，喜欢与我聊天。听他姑姑说，他整天皱着眉头，从来没有笑过，但是与我聊天时，他笑得很开心。我想这是一个契机，我尝试各种方法，与他深入接触，走进他的世界，试图改变他。

在改变他的过程当中，我学到了很多东西，同时，也经受过挫折。我在我的 QQ 空间里曾写下了这样一段感受，题目是"勇气"："我是一名教师，我每天都接触许多学生，他们是那么可爱，在我眼里都是一颗颗耀眼的钻石。但是，现在有的钻石上面覆盖了厚厚的尘土，有的甚至出现了裂痕，我不知道我还有没有勇气去修复他们？"

　　与这样的学生接触需要耐心，需要智慧。他喜欢画画，于是，我把我的美术专业书籍给他看，让他选择喜欢的画种，教他画。他学得很认真。我还有意介绍一些优秀的学生给他认识，让他觉得他并不孤单，周围还有许多好朋友。渐渐地，他变得开朗了，在六年级也认识了不少同学，来学校的次数明显增多了。

　　虽然他需要改变的地方很多，但是这小小的转变，让我觉得很欣慰。这对我也是一次鼓励。他马上就要毕业了，如果有机会，我还会一如既往地支持他，引导他。

　　通过这次经历，我深深地感悟到，教师这个职业的意义或许就是："我正在为社会做奉献，正在影响着别人的生活。"

　　我和学生交往其实很简单，类似家人一般，彼此所做的一切都是应该的，没有也不求回报。这种简单却往往令人难以忘记，简单里有一种无私的大爱和牵挂。我想如若能珍惜这些简单，享受这些简单，人生就会不简单。有人说得好，一位好教师的标志就是学生毕业了很多年还能常常想起他，常常牵挂他，甚至多年以后还能去看望他，那么这样的教师才是对学生有所付出的好教师。

　　在多年的教学实践中，我对教育一直有着自己的一点想法和追求，我固执地认为美术教育对于人生的成长是非常重要的。所以，我尽力去探索与发现，思考与实践美术教育的功能，我希望能把美术教育背后的思想与作用从我的教育中挖掘出来，希望能找到美术教育中更多的深层次的东西，不断努力以实现美术的课程价值！

　　一个有思想有追求的人，不会在意别人怎么看怎么说，而在乎自己是否愿意和实际付出了多少。我想，只要平静地去追求，长期坚持，一定会收获理想。"立足此地挖深井"就是这个意思吧。

　　　　　　　　　　　　　　　　　　（作者单位：郑州市中原区外国语小学）

让学生在激励中成长

王保丽

俗话说得好："数子千过,莫如奖子一长。"心理学家验证,人总是希望自己的能力得到肯定,鼓励、赞许更能增添人的自信心。孩子的身心毕竟是稚弱的,倘若总是加以指责,势必伤害他们的自尊心;反之,稍加鼓励,他们会为此兴奋不已,增强自信心,更加努力,发奋图强,不断发展进步。因此,我抓住这种心理特征来教育我的学生。下了课,我总爱在班级里待上一会儿,和学生聊一聊,对着学生笑一笑,说句:"你今天在课堂上发言了,好棒啊,继续努力喔。""哇!你今天敢回答问题了!"也可以摸摸他们的头,和他们说上几句贴心话,然后和他们一起痛痛快快地大笑一场。还可以对学生嘘寒问暖,或者为学生整理一下凌乱的领子、红领巾……学生与老师之间的距离缩短了,师生之间的感情就融洽了。我发现老师越是将情感充分地表露在语言、表情甚至举手投足等姿势上,就越能引起学生情感上的共鸣。师生之间达到了心有灵犀一点通的境界,思想上更贴近了,学生与老师更亲密,课堂上更积极踊跃地发言。我可以很自豪地说:我们班大部分学生都喜欢上我的语文课,每节课学生都是争着回答问题,甚至有的学生还故意搞恶作剧,引起老师的注意,争取回答机会。

前段时间我生病了，当我在家正与病魔做斗争的时候，我家电话铃突然响了，我万万没想到电话里传来这样的话语："老师，你咋不来给俺上课呀，咱班学生都想你了。"我一听声音，原来是我们班比较调皮的小峰同学。平时，他捣乱的时候我没少批评他，可是他却还惦记着老师。可能是学生给了我动力，放下电话我心里有说不出的快乐，竟然忘记了病痛。第二天，我接二连三地接到学生的电话，听到他们那稚嫩的声音，我当时为自己是一名教师而感到光荣与自豪。学生想念我，我也牵挂他们。下午，没等病彻底好我就来到了学校，学生看到我来了都很高兴，笑着吆喝："老师来了，老师来了。"

美国著名心理学家威廉·詹姆斯研究发现："人类本性中最深刻的渴求就是受到赞美。"作为成长中的个体，学生身上的不良习惯和弱点是难免的，面对学生的各种问题，当老师们感到束手无策时，往往会采用批评的方法，结果情况越来越糟。如果适时地采取赞美的方法，让学生在"我是好学生"的心态中成长，则会充分挖掘他们的潜力。我班的小楠同学可谓劣迹斑斑，谈起他，办公室老师无不知晓，而对于他，我却找到了解决问题的突破口。一天早上，我发现他不但穿着校服，连红领巾也佩戴整齐，于是便夸了句："瞧，小楠同学今天多精神，穿戴都非常整齐，我们全班同学都应该向他学习，可见他足以担任我们班的纪律班长。"此语一出，班上顿时闹哄哄的，有的说风凉话取笑，有的投去了羡慕的目光，而他也脸红得低下了头。一个"捣蛋王"低下了头，我似乎读懂了什么，于是接下来的每一天我都注意他，夸奖他。渐渐地，我发现他真的变了，作业会完成，肯跟老师接近，会给吵架的同学解围。这不班上又有人打架，他挺身而出，说："同是班上同学，有什么事不能坐下来好好说，非要打架不可？算了吧，别打了。"看到他的这一举动，我们不得不承认赞赏的魅力，而我也相信有了爱的教育，孩子的明天是灿烂的。作为一个老师，不要吝啬赞赏和爱，因为赞赏是一种美的熏陶、善的陶冶，而这会让孩子们的精神得到升华。教师若能时时以饱满的精神、欣赏的眼光、鼓励的话语对待学生，必能"随风潜入夜，润物细无声"，使课堂教学处处洋溢着真情，时时闪耀智慧的火花。给予学生机会也就是给自己机会，能够真正给学生成功的机会，教师自己也就是成功的。

（作者单位：郑州市惠济区东风路小学）

这条小鱼在乎

姚明星

面对低年级孩子乐于实物奖励和稳定性不好的特点，我习惯以各种颜色的星星作为奖励，不同颜色的星星侧重不同的考核面：黄色的多知星，奖励积极发言；绿色的环保星，奖励热爱劳动、爱护环境；紫色的博士星，奖励爱读书、知识广……到一定个数会有别样的奖励。如此这般让孩子们自己绷紧了秩序的那根弦，节节攀高，全面发展。

就这样蛮顺利地运转着。可是有一天，由于疏忽有一种颜色的星星没有了，当孩子下课问我要的时候，我才发现没了。我只好说："不好意思，我好像忘带了，下次补给你好吗？"可是下课后又忙着各种事情，忙后虽然记得把那个颜色的星星补足，可是等到上课的时候我却忘记了我欠谁一个星星。就这样照常喊"上课"，喊"大家好"，然后上课，讲本节课的内容。一直有一只手举着，我没有在意，因为他是一个本身很淘的孩子。终于他受不了了，站了起来："老师，我想说一件事。""什么事？跟今天的课有关系吗？""没有。""那等到下课了再告诉我好吗？"他没有说什么，坐下了。

下课了，我不在意地走出教室。可是还没等我走进办公室，有一个小朋友叫住了我："老师，××哭了。""为什么呀？""不知道。"我只好返回教室，见他趴在桌子上哭得厉害。"怎么了？告诉我，我帮你解决好吗？""老师，他说你说话不算话。"我恍然大悟。"对不起，看老师急得，我还没有听你告诉我你上课想说的事情呢。现在告诉我好吗？""不是因为这。"他发起了脾气。"那是因为什么呀？老师有点想不起来了，提醒一下？""你说这节课给我小星星的，你忘了。""哦，我记起来了，原来是老师食言了。我道歉，没关系，不就是一颗小星星嘛，给。"我有些不太在乎。可是他并没有伸手去接。由于下节课还有课，我还需要回一趟办公室，我就有些急了："给呀，拿着吧。"他还不接。"咋回事呀，快点吧，我还有事呢。"可是他依然没有伸手。"你不接，我走了哦。"他依然不接，我就抬腿准备走了，走了两三米，他追上我："老师，你可不可以下节上课的时候给我呀？""行，行。"因为急着走，我只好敷衍他，不就是想让我上课给他，说一句表扬他的话嘛。哈哈，还挺有心眼儿呢。

可是最近读到的一篇文章，让我不再这么想了。文章讲的是在一个暴风雨后的早晨，有个男人来到海边散步。他注意到，在沙滩的浅水洼里，有许多被昨夜的暴风雨卷上岸来的小鱼。小鱼被困在浅水洼里，虽然大海近在咫尺，但他们回不去了。被困的小鱼有几百条，甚至上千条，用不了多久，浅水洼里的水就会被沙粒吸尽，被太阳蒸干，这些小鱼就会死去。

那个人继续朝前走着。他忽然看见前面有一个小男孩，走得很慢，而且不停地在每个水洼旁弯下腰去——他在捡起水洼里的小鱼，并且用力把他们扔回大海。那个人停下来，注视着小男孩，看他在拯救小鱼的生命。

终于，那个人忍不住走了过去："孩子，这些水洼里有成百上千条小鱼，你救不过来的。"

"我知道。"小男孩头也不抬地回答。

"哦？那你为什么还扔？谁在乎呢？"

"这条小鱼在乎！"男孩儿一边回答，一边拾起一条小鱼扔进大海。"这条在乎，这条在乎，还有这一条，这一条，这一条……"

在日复一日、年复一年的教师生涯中，我们是不是也像小男孩在乎水洼里的每一条微不足道的小鱼那样在乎着我们身边的每一位普普通通的孩子呢？说实话，孩子们是在乎着我们老师的，但孩子们的许多在乎就在我们熟视无睹的不在乎中失去了！所以，我们要常常告诫自己：要在乎！一定要在乎孩子！因为我们课堂里的每一位孩子都在乎着你的在乎，他们纯洁善良的心在乎着你的在乎。

（作者单位：郑州市金水区文化绿城小学）

忘掉成绩当老师

路　洁

小略、小翔是我班成绩欠佳、纪律观念淡薄、从来不写作业的逍遥自在组合，在积极进取、争强好胜的各位任课教师眼里，毋庸置疑，他们每天释放的阻力和障碍已经令各位同仁头疼无助。然而，作为一个二十年如一日和学生打交道的班主任，我却对此不敢苟同。

是的，好学生成就好教师，好教师成就好学校。作为一线教师，在初出茅庐的几年间，我也无数次天真地做梦，希望自己班级里全都是品学兼优的好学生，最好全都是无师自通的神童。"东风不与周郎便，铜雀春深锁二乔。"没有学生的配合，我们就没有脱颖而出的机会；遇见一群捣蛋鬼只能仰天长叹，"欲渡黄河冰塞川，将登太行雪满山"。对小略和小翔这样的学生，我也曾经恨得咬牙切齿，也曾经不止一次想他们是否真的适合校园，是否让他们离开才是对更多人负责。但我始终相信：应该还有另一种可能！

世界上没有一朵鲜花不美丽，没有一个孩子不可爱，我们有何权利剥夺一粒种子的发芽，我们有何权利终止一朵鲜花的开放？如果我们用积极的态度，从欣赏的角度去看待学生，就会发现他们多么可爱，他们在你的赏识中变得多么完美。反之，教师对学生冷漠苛刻，百般刁难，换来的将是无法挽回的结局。

　　我相信，再逆反的学生都有一颗向上的心，只要给他们足够的条件，任何花朵都一定会开放。于是，我做好了和小略、小翔打持久战的准备。

　　一天晚自习后，我乘着夜色准备开车回家，这时，小略喊我："老师，我被开水烫了。"我赶紧开车把他送进了医院，并替他垫付了医药费。第二天，担心他不方便买饭，不到七点，我早早买好了早点送给他："乖，赶紧吃吧，手疼了告诉老师。""老师，你为什么这样关心我？因为成绩差和经常违纪，连父母都嫌弃我。"我说："不论成绩如何，只要是我的学生，我都爱。"一向刀枪不入的他第一次哭了。我轻轻抚摸着他的头发说："孩子，你是一个奇才，语文课上妙语连珠，早自习背课文总是流利纯熟，充分证明你才华横溢，但如果你再勤快一点儿，按时写作业，一定会从一个只会纸上谈兵的学生变成一个前途无量的好学生。以后好好写作业好吗？"他使劲点点头，满脸的幸福令人陶醉。

　　教育家苏霍姆林斯基说："只有让学生不把全部时间都用在学习上，而留下许多自由支配的时间，他才能顺利地学习……（这）是教育过程的逻辑。"如果让小略这样的学生一下子从不写作业变成作业爱好者，是不可能的。过了几天，几个任课教师向我反映，小略又不交作业了，建议叫家长，我予以否定。叫家长是一方猛药，第一次很有效，次数多了，家长不配合，学生会更加肆无忌惮，彻底撕烂教师手中最后的王牌。于是，我开始找他"补课"，课前饭后，一起下一盘象棋，交流评论一下四大名著中的人物。他像是遇到了知音，兴奋空前。一个月后，我不再约他，他很是失落。我提出条件：想找我玩，先写完当天作业。渐渐地，他养成了每天写作业的好习惯。

　　语文科代表埋怨说，咱班语文成绩都是小翔拉后腿，每次都是倒数第一。同学们都不愿搭理他，在班里他是被孤立的孤家寡人，内心的痛苦可想而知。一次地理课上，不知何因，他和地理老师发生肢体冲突，老师气得发誓再不来给我班上课。这次事件让他彻底成为班里的过街老鼠，几个老师甚至建议劝退他。冷静之后，我彻底分析了事件根由。许多老师都是根据成绩把学生分为三六九等，放弃、漠视成绩差的学生早已成为习惯，这次应该是小翔长期积压的怨恨借势爆发。我找到小翔谈心，分析了老师的良苦用心后，带他找老师道歉，并给他买了件衬衫。他家庭条件很好，并不缺衣服，但这件衬衫并非只是一件衣服，它代表的是班主任老师的关爱，是在班级里重新捡回的自尊和自信。我从不在班会上提成绩，不以分数论英雄，看见他举手，总是提问他。一年后，他变成了团结同学、爱写作业的好孩子。"有意栽花花不发，无心插柳柳成荫。"忘记分数的教育方式，反而让孩子们在轻松愉悦的氛围中天天进步，周周提高，收获了成长的幸福和快乐。

忘掉成绩当老师，让我赢得了学生的尊敬和爱戴，沟通了我和学生的心灵；忘掉成绩当老师，让流淌在班级小河里的只有温暖和快乐，没有歧视和愤怒；忘掉成绩当老师，你每天看到的是一颗颗金子般美好的心灵，听到的是百花盛开的声音；忘掉成绩当老师，你将在生命的课堂上、在智慧与心灵的碰撞中，培育出真正高尚有灵魂的学生。

（作者单位：郑州市第八十五中学）

老师，请把笑意写在脸上

杜玉霞

个小女孩走过一片绿草如茵的田地，看见一只色彩斑斓的美
丽蝴蝶被刺扎伤了，她小心翼翼地为它拔掉刺，让它飞向了
大自然。后来蝴蝶为了报恩，化作一位仙女下凡，对小女孩说："你很仁
慈、善良，请许个愿吧，我将帮你实现。"小女孩闭上眼睛想了想，对仙
女说："我希望快乐。"于是仙女把快乐的秘诀传授给了她，她果然快乐
地度过了一生。秘诀很简单——"无论何时，请把笑意写在脸上。"

许多人在大千世界苦苦地寻找快乐，在熙熙攘攘中追名逐利，希望
尽早与快乐结缘，殊不知，快乐就在我们心中，只要拥有宽广的胸怀和
美好的心灵，对人富有爱心和同情心，竭尽全力地去帮助别人，我们自
己也就拥有了快乐。

让我们先一起来认识一位老师——

在县直一初中的楼梯上，一个头发花白、年过半百、身体微胖的人
正蹲着身子拿着小刀一点点刮着楼梯死角里的灰尘，汗珠已从他的脸颊
上流了下来，他稍微直了直身子用袖子擦了一下汗，又恢复了刚才的姿
势，大干了起来。他是谁，是学校的清洁工吗？不，您猜错了，他就是
县直一初中教师张小祥。根据学校工作安排，今年张老师负责九年级卫
生与纪律工作，像这样亲自动手去干的次数太多了。作为九年级班主任

的我对他说："张老师，你说怎么干，我让学生来。"可他却嘿嘿一笑说："让学生干啥，国家给咱发这么多钱，咱不干谁干!"

这就是张老师，一个随时都能把快乐带给别人的老教师，一个因为付出、因为给予而获得了更多快乐的老教师。被张老师教过的学生都说，上张老师的课特轻松。他爱笑、爱玩、幽默，在轻松的课堂气氛中掌握知识是张老师的课堂的最大特点。他还被评选为我国教育工作者标兵。

真的，一个人能否快乐，取决于他的心态，因为选择快乐，希望快乐，自己也就感到快乐。

还看到过这样一个故事：有个孩子，因先天缺陷，背总驼着，同学们都嘲笑他，可怜的孩子走路时连头都低着。有一天，孩子的老师当着他同伴的面微笑着向驼背孩子道出了一个秘密：孩子，你背上背的是装着翅膀的盒子，等你长大了，这个盒子就会打开，你就会挥着翅膀飞上天去做天使。在老师眼里是天使的孩子还会自卑吗？还会有人嘲笑他吗？孩子的背仍驼着，头却抬起来了。这个有先天缺陷的孩子都能成为老师眼里的天使，更何况我们面对的是健康、活泼的孩子，让我们也用微笑让每个孩子自信地抬起头来，用微笑告诉每个孩子："你是老师眼里的天使，独一无二的天使。"

毕业班班主任不好当，连续五年担任九年级班主任的我深知其中的酸甜苦辣，每天起得最早的是我们，走得最晚、说话最多的还是我们。这一切为的就是让学生在人生第一个十字路口不彷徨、不迷惘，都能选好目标，脚踏实地地走过。重复的日日夜夜，究竟付出了多少，只有我们教师自己知道。

今年教师节前我收到了这样一条短信："隔着不远不近的天空，我常常会在不经意间想起你，就像今天的微风偶尔吹落一两片叶子那样随心和自然，有风吹到你顿觉凉爽，那便是我给你的问候!"这是今年刚毕业的学生小亚发来的。一遍遍地读着短信，我的心里暖暖的。曾经的付出，曾经的劳累都算得了什么，温情的话语已足以让我再次微笑着走进教室，面对学生。

真的，教育是一种温馨，是一种生命与灵魂的交流，它需要用心付出，用爱呵护，它所产生的力量看不见、摸不着，却可以打动人心，感化世界。明月清风之夜，独坐灯下，回想和学生一起的点点滴滴，真是幸福。如果说生意兴隆是商人的幸福，春种秋收是农民的幸福，那么忙碌而充实的生活就是我们的幸福！

我想用一段话来概括我的工作情形，我想它也应该是我们所有教师工作情形的概括：

每个教师都有烦恼的时候，但你一定会选择微笑着走进教室；每个老师都有自己心目中的好学生，但你一定会在心里装着所有学生；每个老师都会遇到令他头疼的学生，但你一定知道教育需要等待，需要耐心；每个老师都会获得工作的酬劳，但最大的酬劳一定来自内心的愉悦。

亲爱的老师们，真正的快乐无须豪华，也无须刻意雕琢，它朴素简单，无遮无掩，常常就在我们触手可及的地方，就在我们心中，或者就在我们的脸上。愿我们真诚的笑脸永远朝气蓬勃，垂着绿荫，开着明媚的花，结着芳香的果！老师，请把笑意写在脸上！

（作者单位：郑州市中牟县第一初级中学）

捣儿和她的学生

李伟萍

唯有爱，才可以唤醒灵魂；唯有灵魂被唤醒，才可以成为真正的人。所以，教育就是用爱点燃爱，塑造学生的灵魂。这种爱，不必惊天动地，细微即可；这种爱，不必刻意，真情流露就好。

——题记

捣儿是一所普通高中的一名普通老师，担任一个普通班级的班主任，"手下"有几十个普通的学生，每天过普通的学校生活，平静、幸福、快乐。

初任班主任的捣儿与世无争，淡泊名利，所以对于班级卫生、纪律及寝室的各种评比、得分丝毫不在意。她告诉过学生：分数，仅仅是数字而已，人永远不可能用此来衡量自己，任何时候都不以成绩论成败。她只有一个信念：做个人性化的班主任。这些孩子在学习上可以没有优势，但一定要学会做人，会明辨是非，懂得爱和感恩。

偶尔，捣儿班的卫生成绩倒数，她怕伤学生自尊，告诉学生说：我们要的只是一个干净整洁的学习环境，不要在意犄角旮旯里的灰尘。于是，孩子们释然。只是，有一天，她突然意识到自己错了，毕竟，细节决定成败。老师可以不在意分数，但必须让孩子注重细节，否则，将来可能会吃亏。

于是，她亲自带领孩子进行大扫除，全面彻底，让孩子们体验整洁，从而养成习惯，与分数无关。

那个周一，学校公布一周纪律评比结果，捣儿班居然第一。可是，看着孩子们的笑脸，她一点儿也高兴不起来，她问学生："什么是纪律？难道仅仅是集会、早读、出操时人到得齐？"孩子们沉默。她告诉孩子，不要做表面活儿，要真正搞好纪律，保障学习氛围才好。

孩子们懂了，捣儿开心。

跑得太慢

某日，捣儿决定突击检查男生宿舍。天气转暖，稍不注意就会滋生病菌。

和曹一起去往宿舍，接近宿舍楼，他突然跑了起来。"站住！"捣儿喊，他没停。"坏了，肯定有事。"她二话没说，拔腿就追，幸好她穿的是运动服和运动鞋。跟在她后面的两名男生也跑了起来，场面可谓壮观啊，吸引了不少学生驻足观望，她管不了那么多了。

很可惜，她没有赶上曹。到了宿舍，一副平静的景象，窗户开着，也没嗅到烟味（知道宁抽烟，却一直抓不住，这次又错过了）。"曹，你跑什么？""收拾宿舍了，太乱，怕你生气。"他笑嘻嘻的，一副坏样，还显出善解人意的模样。"别让我抓到你们！"她"恶狠狠"地说。"老班，你下楼去吧，我们打扫卫生很脏的。"曹他们拿起扫把，故意扫出尘土，还"好心"提醒。

唉！"比赛"输了。不过，学生懂得不让老师伤心，已经有了很大的进步。捣儿也知足了。

叛逆的捣儿

会考结束后，由于部分老师被抽走改卷子，那个上午居然有三节自习课。捣儿明白，孩子们自觉性差，不会上自习，这不，一进教室看到居然有大胆的孩子打开电脑听歌。捣儿没有说话，只是看他们飞快地跑到座位上。

没有批评学生，她回了办公室，愣了一会儿后决定：第四节不让他们在教室待了，去操场玩去。对于这一决定，其他老师反对："不好吧？学校安排的是自习，又不是体育。"她不同意："有什么不好？本来安排就不合理，中午不让学生回宿舍，非让在教室趴着睡，一天窝在教室里面，学生还是不是人？""领导看到怎么办？"有人担忧。"看到就看到，这几十个孩子交给了我，我有权利让他们活动，只要我是对的，我怕什么？再说，学校领导关心过学生的身体状况吗？对于学习效率的提高，他们可曾真正地想过？"……

于是，第四节，捣儿带孩子们出去上体育课，但有个条件：以后不准擅自开电脑，否则……

操场上，学生们玩得很开心，仿佛一天的活力在这时爆发了出来：体育委员带几个男生打篮球，一会儿就汗流满面了，可是那份认真执着让捣儿感动；班长他们在打排球，虽然技术一般，可是开心写满了一张张脸；女孩子或打羽毛球，或跳皮筋，不管在做什么，都没有了夏日的疲惫，青春活力重新回来了。笑着拒绝了他们的邀请，捣儿在旁边静静地看着，心是快乐的。

很多时候，捣儿是叛逆的，虽然她的外表很文静。她任性地按自己的意图去管理自己的班级。比如，自习课，她用多媒体带孩子唱歌，《十七岁的雨季》《水手》《隐形的翅膀》，还有经典英文歌，她不愿意孩子们沉醉于那些爱情口水歌中，又不想他们太沉闷。感觉孩子累了，晚自习她会"放肆"地放电影给学生看。当然，都是精挑细选的：《十七岁的单车》《当幸福来敲门》《叶落归根》等等。不能白看，得写心得哦。

作为班主任，捣儿叛逆了不止一次，虽然她会违背学校的意愿，但她收获了成功：孩子们很有爱，得到了更多自由的空间，更健康地成长。

偶尔叛逆的孩子

倩绝对是标准的乖孩子，内秀，很少言语，学习努力，对于班规班纪的执行从来都是不折不扣。可是那一天，她居然没有出早操！

捣儿的心不平静了，只是，她没有气急败坏。看着面前的女孩，她平静地问原因，倩很诚实："今天我真的不想起床，我想叛逆一次，这么多年，我从来没有违反过纪律，觉得生活中缺少了一些东西。"听完，捣儿笑了：自己当学生的时候亦如此，循规蹈矩，只是，偶尔也想"出格"一次，但没有实施过。这种感觉太熟悉了。

捣儿还是按照班规的要求，让倩补足了早操，并且在课前唱了一首歌。虽然歌声很小，但够了，对于这样一个内向的女孩。

允许孩子偶尔叛逆，那是成长中的必然。

淡淡的爱

捣儿的笔记本上，记录着班上孩子的生日。每逢孩子的生日，她或者让其他孩子唱生日快乐歌，或者请孩子的好朋友替他（她）点个歌，全班一起唱响。此外，她会送"寿星"礼物，或者是一本《读者》，或者是一张卡片，或者是一个玩具，或者是一个发卡。孩子激动得甚至哽咽，捣儿依旧是淡淡地微笑。

　　捣儿所在的学校是一所高中，生源质量差，招收的学生中招成绩差，学习习惯不好，他们几乎从来没有被老师重视过。所以，很多孩子看到她的笑脸，看到她出现在他们的宿舍中，得到她的关心和爱护，有点受宠若惊。很多孩子说捣儿是自己见过的最好的老师。她笑，仍旧深深地爱着学生。她明白，这些孩子更需要关心，他们需要老师用爱来点燃，况且，他们真的很可爱。

　　无数个晚自习后，捣儿从学生宿舍出来，无眠。平常的一个夜晚，她给孩子们写下几句话：

　　　　独自走在夜色浓重的校园
　　　　无悲无惧亦无睡意
　　　　担忧你们的现在和未来
　　　　真的恐怕你们已放弃自己
　　　　希望我所做的还有意义

　　　　空中繁星闪闪
　　　　如我一直在关注你们的眼
　　　　我有月儿的陪伴
　　　　没有只身奋斗的孤单

　　　　不奢望你们的回报
　　　　只愿你们追逐自己的梦想

　　　　秋去冬也去
　　　　无数个寒冷的日子

只想给离家的你们点温暖

还有求知的快乐

也许你们不会很成功

但要快乐一生

真实一生

无悔一生

（作者单位：郑州市第五十三中学）

用微笑塑造孩子的心灵

杨小芳

有这样一个关于微笑的小故事：在一个小镇上，有一个非常富有的富翁，但他很不快乐。有一天，这个富翁垂头丧气地走在路上。这时，走来一个小女孩，小女孩用天真的眼神望着他，给了他一个很甜美的微笑。这个富翁望着孩子天真的面孔，心中豁然开朗。为什么要不高兴呢，能像这样微笑该有多好啊！第二天，这个富翁离开了小镇去寻求梦想和快乐。临走前，他给了这个小女孩一笔巨款。镇上的人觉得奇怪，问这个小女孩不相识的富翁怎么会送她一笔巨额的财富，小女孩天真地笑着说："我什么都没做，只是对他微笑而已。"

"只是对他微笑而已。"是啊，小女孩一个善意的笑，却换来了巨额的财富，实在令人难以置信。但是，这就是微笑的力量，小女孩的微笑点燃了富翁死寂的心灵，让他再一次有了希望，有了梦想，有了快乐。这世界上还有什么比梦想和快乐更重要的呢？

作为一名教师，当我们走进课堂，偶尔看见一个学生坐着对我们微笑时，心中就会有一种异样的情感流过。换位思考一下，假如我们面带微笑走进教室，微笑着讲课，微笑着与学生说一声再见，效果又将如何呢？

微笑是一种爱的宽容

　　教师的首要任务是育人，教师的爱与宽容应该像阳光和雨露一般，遍洒每一个学生。教师的微笑不光要给那些"优秀生"，更多地应该给予那些学困生、犯错的孩子。当陶行知微笑着把四颗糖和四个别人看不到的优点一起送给了那个犯错的孩子之后，那孩子一生都不会忘记这难忘的教诲啊！

　　宽容绝不等同于放松，绝不意味着对学生行为放任自流，更不是对学生不良行为的姑息纵容。课堂上只要我一收敛笑容，学生们立即读懂含义，常常是不用我多说一个字，学生会立刻恢复到他们的"最佳状态"。有的学生曾对我说："老师，其实我很希望看您微笑着上完一堂课，可有时不知怎么了，老管不住自己。我尽量好好地去改，因为我爱看见您笑。"

　　拥有微笑与宽容的人是快乐的，当他将微笑与宽容给予别人时，也能接受到别人给予的微笑与宽容。微笑着宽容每一个学生，用爱心来开启他们的心灵，挖掘他们的潜能，才能促使学生健康快乐地成长，才能真正培养具有高尚道德和完美人格的一代新人。

微笑是一种爱的信任

　　信任学生是师德的表现。"微笑是信任的标签。"有位老师说过这样的话："一个学生如果生活在信任之中，他就学会了自信；如果生活在认可之中，他就学会了自爱；如果生活在承认之中，他就学会了选择。"信任学生，就应微笑着去面对。

　　记得有一次，我去教室上课，刚走到门外，就听里面学生在说着什么。我也没管，直接推门而进，走上讲台，面带微笑扫视一下。其中有一名学生在座位上很不自然，再看垃圾桶里的纸都扔在地上，我明白，肯定是这个"调皮鬼"干的，于是便问："垃圾桶是谁弄翻的？"全班同学不约而同地将目光投向小森，其中有几名学生还喊出他的名字。小森若无其事地说："不是我。"我微笑着说："谁弄翻的并不重要，重要的是大家都要自觉地为班里做好事，谁愿意把废纸捡起来？"话音刚落，全班同学都举起了小手。"大家都这么爱集体真让老师为难，让谁去捡呢？""老师，让我去捡吧。"小森跑了过去，把地上的纸捡得干干净净。我用赞许的目光看着小森，然后对大家说："小森同学真是好样的，为了班级不怕脏，做了好事，给大家做出了榜样，我们用掌声表扬他。今后，我们每个少先队员都要养成自觉讲卫生的好习惯。"

课后，我刚回到办公室，小森就走到我身边，低着头，不好意思地说："杨老师，垃圾桶是我弄翻的，上课了，没来得及清理，但刚才我没有承认，是我的错。""我知道了，你刚才不是已经用自己的实际行动改正错误了吗？"我笑着说。此时的小森同学像卸下了千斤重担，他笑了，笑得那么开心。经过这个事件，小森像变了一个人，和同学在一起总是那么开心，上课注意力也集中了，对于校内举行的各项体育竞赛还踊跃参加呢！

心理学告诉我们，人都是渴望被信任的，学生更是如此。学生被老师信任时，脑神经活动快，也更加灵敏，做事的效率就高。对于学生来说，老师微笑的信任无异于小树苗成长过程中的阳光和雨露。

微笑是师生心灵交融的火花

微笑是人类最美好的语言，是心灵交融的火花。雨果说："微笑就是阳光，它能消除人们脸上的冬色。"发自内心的、真诚的、令人感到温暖的微笑能给学生留下宽厚、谦和、亲近等好印象，从而使其"亲师信道"；能表现出对学生的理解、关心、爱的微笑，可以使奋进者得到鼓励，使后进生得到勇气，使冰冷的心得到和煦的春风，能丰富一颗空洞的心。

记得这学期刚开学，初为人母的我更加懂得了对孩子的爱。面对班上的学生，我尽量把微笑留在脸上，尽量让表情丰富。没有威严，没有训斥，没有故作高深，只有慈爱，只有坦诚。一张微笑的脸，换来了50多张灿若桃花、柔似轻风的笑脸。"不似春光，胜似春光。"这种师生相悦的和谐让我不禁有点飘飘然了。

刚开学的两个星期里，同学们的学习热情一直很高。可是过了第二个双休日，有两个学生少做了作业。我没有大发雷霆，仍然微笑着，和颜悦色地对他们说："做任何一件事情，都要既有热情又有毅力，要把它当作快乐的事情来做。老师给你们点儿时间把没完成的补好，好吗？可不要再让老师操心哦。"课后，那两个学生都很乐意地留下来，把作业补完了，然后亲自送到我的手里。看完了他们的作业，我笑了，他们也笑了，一种成功的快乐悄然溜进心田……

给学生一个真诚的微笑，即使是惊鸿一瞥，也会像穿透厚重乌云的一缕金色阳光，照亮他们的心灵；微笑是一种风度，是热情和友善，是宽容和豁达，是勇于接纳的境界，从中透射出人性的光泽！

用微笑点亮孩子的心灯！

用微笑塑造孩子的心灵！

用微笑引领孩子的成长！

（作者单位：郑州市二七区政通路小学）

换种方式做教师

刘瑞娟

今年暑假回家，在老家帮母亲做饭，母亲最近胃口一直不怎么好，我知道母亲很喜欢吃黏玉米，就到我们小县城的菜市场去买。来到菜市场，熙熙攘攘，烈日炎炎，走一会儿，就热得受不了了。得抓紧时间买完，早点回去！正想着，迎面看见一位大叔拉了一车玉米在卖，一个少妇在那儿仔细挑选着。我迅速径直走到那儿。"闺女，五元三个，十元七个，好玉米，保管你吃了还想吃。"大叔见我走过去就笑眯眯地对我说。那个少妇挑着，剥着，把剥好的随手装在手边的黑色塑料袋里，挑完后就递十元钱给大叔。大叔由于和我说话，没顾上看那少妇装的情况，就看着已装好的鼓鼓的塑料袋问道："你不会多装吧？"少妇听后很生气地把塑料袋一甩说："谁多拿你的？你自己看看多不多？你怎么那么不信任人？亏我还经常买你家的！"大叔抖开塑料袋数了数，确实七个，很不好意思。

暑假在郑州师院培训，由于每个班都是中午快十二点才放学，大家都集中在这个时间打饭，食堂排起了长长的队。想起我们学校教师可以提前去食堂，不用和学生挤着打饭，真幸福！由于食堂面积小，这个队伍是弯的，我在队伍的中间排着，忽然听到背后有人叫我的名字，我往后一看，原来是同事范范，他在队的最后面。我们聊了一会儿，当我知道他排队不是买米饭套餐而是只买四个薄饼就泡面吃时，就连忙说："别排了，不就是四个薄饼吗？我买米饭套餐顺便帮你买吧！"很快就轮到我了，我对师傅说："我要四个薄饼，一份米饭套餐。"师傅一边帮我盛米饭，一边和气地说："饼自己拿吧！"由于饼很薄，我用筷子一下子夹了四个，随手装在旁边准备好的纸袋里。师傅递给我打好的米饭套餐，我正准备拿着走，师傅突然微笑着加一句："我看看你的饼是不是少拿了？"我一边把打开的纸袋让他看，一边想，师傅这句话问得真好！

不同的处理方式，却有两种截然不同的效果。师傅比大叔更加智慧，因为他懂得与人沟通时，多站在对方的角度考虑，也就是我们通常所说的换位思考，才能让对方更加乐于接受。作为一名教师，我不由自主地想到教育，教育何尝不是这样呢？教育其实就是和学生进行深入沟通，在沟通当中要学会换位思考，那样师生关系就变得越来越融洽，越来越和谐。有一次在一个班带早读，我在教室过道来回走着，这样不仅观察学生的读书状态更加仔细，而且学生有问题也能及时走到跟前辅导。大多数同学都在大声朗读，唯独最后一排靠左边一位胖胖的男生坐在那儿一直不张嘴，还左看看右看看，不时向窗外看看，偶尔还低头抠抠手。这么大好的时光，岂能荒废？我实在为他着急，于是快步走到他跟前直接说："大家都在认真读，你怎么不读书呀？"他慢慢地抬起头，不屑一顾地看了我一眼说："我就是不喜欢读书。"我一时无言以对。

在另一个班同样带早读，又碰到了类似情况，吸取上次的经验教训，我慢慢走到他跟前，摸着他的肩膀很关心地问道："今天怎么啦？是不是哪里不舒服呀？需不需要父母来接你去看看呢？"那学生听到我这样温柔的话语，笑着说："谢谢老师关心！我没事儿。""真没事儿吗？"我接着又问。他连忙拍着胸口说："真没事儿。"说完他马上放开嗓门，大声读起书来。换一种角度，换一种思维，多从学生角度挖掘学生问题背后的根源，学生工作会更加简单。

　　时间过得真快！期末考试悄然来临，第一场被教务处分到十号考场监考。来到考场，我用目光扫视了一下教室，发现考生都提前进入考场，坐得整整齐齐等发卷，其中包括全年级最捣蛋的一个学生。没等我多想，分发试卷铃声响起，我赶紧拆封试卷袋，把试卷数好。为了让同学们尽快拿到试卷做题，我让每一列的第一位学生往后传，其他列传得都很顺利，但是这个捣蛋学生所在的那一列，传到这个捣蛋学生时，他左手拿一张试卷，右手把剩余的试卷放在腿上，看那样子像是不准备往后递了。后面的考生看见左右与自己同排的考生拿到试卷后，唰唰地书写，很着急地望着我。我心里顿时非常生气，真想走上前去，抢过试卷，当着所有考生的面狠狠批评他一顿，让他知道我的厉害。但理智让我很快冷静下来，学生的自尊心都很强，硬碰硬显然不是明智的方法，即使解决了问题，肯定也会影响其他考生做题的心情，要以柔克刚，换位思考。我试着让自己平静下来，缓步走到他跟前，左手摸摸他的肩膀，右手拍拍他的桌子。他抬头望了望我，看见我和蔼可亲的笑容，心领神会，不好意思地把剩余的试卷往后递过去。这让我突然想起教育家苏霍姆林斯基说过的一句话，有时宽容所引起的道德震撼比惩罚更为强烈。

　　学生不缺乏生命成长的内在基因，但他们渴望施教者学会换位思考，把自己的心态放到学生的生活中去体验，全面细致地了解学生，设身处地为学生着想，从学生的学和需求出发，及时给予他们阳光和雨露。

　　智慧的教育往往是一面镜子，镜子里不光是学生，更多的是教师自己。让我们的智慧在换位思考中绽放吧，成为一个拥有广阔胸怀和博大气度的人！

（作者单位：郑州市第四十四中学）

多给孩子一点爱

申丽彩

"爱是一种伟大的力量，没有爱就没有教育！"当孩子犯下错误时，我们应该设身处地站在孩子的立场上想问题，分析问题。即使孩子犯错了，我们也应该信任孩子，相信孩子有战胜困难的勇气，相信他有改正缺点、认识错误的需求，相信孩子有积极上进的愿望和决心。请相信我们身边每一朵小花，或许我们不经意间的一个微笑、一句话语、一个眼神，都能让我们的孩子尽情绽放自己的美丽！每朵花都有盛开的理由！

我班的小曦从小由奶奶带大，但老人只知道不让他冻着饿着，却不懂得交流谈心，再加上他的性格内向，导致孩子与人交往的能力差。小曦上课不太愿意听讲，喜欢东张西望，有时候还会去影响别人，而且特别不讲卫生，让上课的教师很头痛。经过一段时间的接触，我开始采取措施，先是进行比较耐心的谈话，但没有成效；接着，我对他进行了一次比较有威胁性的教育，可是他还是我行我素。怎么办？一天，我花了整整一个中午专门和他聊天。通过交谈，我发现他其实很想与同学交朋友，也很想上进，但就是听不进批评的话。了解了这些，我就对症下药，他一有进步，我就表扬他，进步大时，给他奖五角星。而且，我一有空就和他聊聊天，帮他找自己的闪光点，找缺点，找同学们不喜欢他的原因，谈今后的打算。慢慢地，他变了，虽然依旧不爱讲话，但知道要好好学习了，对别人的批评也能虚心接受了。记得四年级时，我要求同学们早晨提前十五分钟到校。第一天他迟到了，我问他："早晨提前十五分钟到校有困难吗？"他低着头说："没有。"我微笑着说："行。明天你一定能按时到校。"第二天，他又迟到了。他自己不好意思地说："哦，又迟到了。"我说："不错，有进步，比昨天提前了几分钟。继续努力。"第三天，他没有迟到，而且从那以后几乎不再迟到。现在，他上课能专心听讲，不再去影响别人，个人卫生也比原来好多了，上课的教师都说小曦表现好了，学习成绩也有进步。听到这些表扬，我由衷高兴，就像别人在表扬我的孩子一样。

"世上有很多东西，给予他人时，往往是越分越少，而有一样东西却是越分越多，这就是爱！如果说在我们的生命中，学生是一只只远航的船，那么教师的爱则是浩瀚的海，只有足够深沉，足够辽阔，这些船儿才能乘风破浪，驶向天地之间。"我班有一个学生非常调皮，让每个教师都感到头疼！有一次上课，同学们都在认真听讲，举手发言，可他就是管不住自己，在下面做小动作，还不时地说话。我看了他几眼，暗示他要听讲，可他仍旧不改，我便严厉地批评了他。他坐在那里板着脸生闷气，我也故意不理他。一直到中午放学，我故意和他周围的同学说话，就是不理他。这下他可憋不住了，跑了过来，抱住我，说："老师，你不喜欢我了吗？"我不禁愣住了。他那么小，我应该以一颗宽容和包容的心去关心他，用教师的爱去关心他啊，怎么能够对他置之不理呢？爱不仅仅是一种心灵上的慰藉，也蕴含着一种神圣的责任。而这种负责任的爱才能超越一切，汇聚成一股不可阻挡的力量，使教育事业闪闪发光。所以教师要多给调皮孩子一点爱，用爱心拉近孩子与老师间的距离，走进孩子的心灵，走进孩子多姿多彩的内心世界，使每个孩子都沐浴在爱的阳光中，健康快乐地成长。

师生之间没有天然的血缘联系，能够维系学生与教师感情的只有真诚的爱。平时我会采用各种巧妙的办法来亲近他们。"润物细无声"，从孩子们的身上我深刻地领悟到：没有爱就没有真正的教育，只有爱孩子，才能把自己的心灵献给孩子；只有爱孩子，才能理解孩子，体谅孩子，把他们的欢乐与苦恼装在自己心中；也只有爱孩子，才能更有效地教育孩子，才会换来他们天真活泼的笑容和对你更亲切的呼唤与尊敬。因为爱是滋润孩子心灵的甘霖，爱是灌入孩子心田的清泉，爱是洒向孩子心房的阳光。

尊重学生的人格，建立平等的师生关系，一直是我从教以来的不懈追求。在平时的教学中，我总是主动去顺应学生的思想认识规律，从不把自己的意志强加于学生。呵护学生自尊，给学生以尊重，让学生真正从心灵深处感化和触动，这才是教育对爱的诠释。

爱是阳光，能融化冰雪；爱是春雨，能滋生万物；爱是桥梁，能沟通心灵。正是有了无私的师爱，教育才会如此生机盎然、丰富多彩，令人心驰神往、陶醉其中；如果没有了爱，教育就是无本之木、无源之水，将会变得毫无生机，毫无意义。让我们本着以人为本的理念去善待每一个学生，用无私的师爱打开学生的心扉，搭建起一座通向未来的平台，将无限的师爱延展成一条洒满阳光和花朵的大河，使我们和我们的学生共同沐浴其中，欢畅其中。

教师对学生要有一颗慈母般的爱心。教师对学生慈母般的爱心应来自对教育事业的无限忠诚，对教育事业的强烈事业心和高度责任感。教师的母爱精神具有巨大的感召作用和教化力量，它能彻底地化解学生的逆反心理和对抗情绪，最大限度地激发学生的主观能动性。在日常教学中，教师若像母亲一样，无微不至地关心学生，帮助学生，对差生不嫌弃，不歧视，给他们多一点儿爱，就能极大地激发学生的积极性，使其在学习上有无穷的力量源泉。

（作者单位：郑州市二七区荆胡小学）

策略篇

教育技巧的全部奥秘也就在于如何爱护儿童。

——苏霍姆林斯基

我们班的 "三思晨会" 实例分享

杨艳霞

何谓 "三思晨会"？就是每天早上学生到校后，利用早读前十分钟的时间开展的一种微型班会，意在让学生反思自己在学习、纪律、作业等方面存在的问题、困惑，以及自己有哪些更好的处理方法，通过小组讨论找到问题的解决方法、改进措施，然后每组找个代表发言，总结本组情况，互相分享问题及改进方法，达到相互督促、共同进步的目的。别小看这短短的十分钟，它有无限的效能：在班级制造正面舆论，引导学生形成正确的认知，为班级建设、学生成长输入正能量；打造良好的班风，让孩子感受班级的和谐幸福，乐意为班级的优秀而努力奉献；营造浓厚的学风，促使学生积极努力进步，让班级优秀、孩子受益。两年来我在三思晨会中见证了孩子的变化、进步、成长。下面是我们班三思晨会的几个案例分享给大家。

激发孩子们 "爱" 的意识

背景材料：一次周末，我们学校是成人自考考场，教室留 30 套桌凳，多余的摆放到教室外走廊里。星期一早上，先到校的同学，只把自己的桌凳找出放好，把教室内外的桌凳弄得歪七扭八的；部分刚到校的同学正在从歪扭拥挤的桌凳中寻找自己的；部分没到的同学的桌凳还在教室外边无序地歪放着。学生陆陆续续地来，班里一直断断续续有拉动桌凳的声音，持续二十分钟左右。我们班人员密集，后到的同学拉桌子需要过道两边同学挪动桌凳让道，碰到这边挤住那边，相互影响好不热闹，根本无法读书。

进班后，我在黑板上写下了以下三思话题：今天我们班的早读质量如何？原因是什么？我们应该怎么做？

同学们的发言很一致：早读不够专注，是因为挪动桌凳太乱，晚来的同学应该早些来，早来的同学应该帮邻位的摆好，避免来晚的挪不进去耽误时间……

我在孩子发言的基础上总结："我们是一个班级，是个大家庭，我们要爱班如家。如果是自己家的东西落在外边，我们肯定会捡回来的，不会不管不问吧？你怎么能仅仅搬回自己的桌凳就坐下了呢？我希望看到的景象是：同学们不管来了多少都要首先让咱们班的桌凳回家，然后按座次有序摆放，最后值日生值日，非值日生有序学习。同学们想一想，不到十分钟就可以做好的事情，今天我们却花了二十分钟才稳定下来，更可怕的是同学们不像一家人，冷漠，没有关爱。剩下那几个桌凳落在外边，我看了都难受，替它们心凉，更何况桌凳的主人呢？"

一个月后我们学校又是社会考试考点，而这次学生返校后的情况就好多了。到校比较早的孩子群策群力拉回桌凳，我也参与了其中。很快，班级就稳定下来了，并有序投入学习，晚到校的孩子直接坐到座位上进入学习状态。

这次我又在黑板上写了以下三思主题：今天早上其他班级还在拉桌凳时，我们班已经有序地读书了，我有什么感受？我今天来得比较早，帮助同学摆放桌凳（我今天来得比较晚，享受了大家的帮助），我有什么感受？下次我怎么做？

这次同学们的发言积极、开心，自信于我们班的优秀，快乐于对同学的帮助，幸福于同学的关爱，整个班级温馨和谐。

此后，我们教室又作为考场时，孩子们都已经习惯性地、开心乐意地、争先恐后地管理班级的桌凳，让我们班级尽快有序起来。

看着孩子们的进步，我很欣慰！在此基础上我们又开展了以下三思主题，让孩子在三思晨会中学会热爱班级、关爱同学、懂感恩、明事理。

1. 我有哪些优点特长？我愿意以我个人的优点特长让我们班更加优秀吗？我打算怎样做？

2. 我爱我们班吗？我们班受到表扬称赞时我开心骄傲吗？我们班受到批评指责时我难受羞愧吗？为了我们班的荣誉我会怎样做？

3. 我是个有礼貌的孩子吗？见到老师我能主动问好，与老师沟通交流吗？我能友善对待同学，乐于帮助同学吗？为了让我的学习生活愉悦开心，我愿意怎样与老师、同学相处？

4. 我是懂感恩的孩子吗？我最感恩的人是谁？是什么让我认为最该感恩？我怎么表达对他的感恩？

引导孩子"习惯养成"

背景材料：我们的学生多是外来务工子女，家长们忙于生计，顾不上督促检查孩子的作业，即便有部分家长顾得上，也不能真正了解孩子作业完成的质量，再加上孩子容易受电脑、手机的诱惑，家庭作业不能保质保量完成，周末和假期作业问题尤为严重，假期越长作业质量越没法保证，部分同学拖欠作业现象非常严重。

为此我在一次五一假期前开展了有关作业完成情况的三思晨会。话题如下：

1. 我本周作业送交情况怎么样？不能保质保量完成作业的原因是什

么？（学会剖析自己，才能改进）以后我怎样对待家庭作业？

2. 我周末或假期完成作业计划了吗？我按照计划定期分段完成学习任务了吗？为了保质保量完成作业，我这周末怎么做？

3. 临近二测，这三天假期（五一假期）我打算怎么复习？争取让哪一学科明显加强，具体怎么做？

记得在初二上学期国庆长假后开学的早上，我一看作业交得不理想，就在班上第一次开展这些话题的讨论活动。听听我们班长的发言吧，他原话是这样说的："我在这个假期的开始，想着反正时间比较长，就跟同学出去玩了，然后又和爸爸妈妈一起回了老家一趟，很快时间就没有了。我是在假期最后那半天开始赶作业的，一直写到晚上十二点多。但因为作业多，没工夫仔细思考，书写也潦草，自然无法保证质量，并且感觉假期很累。"当他说到最后半天才赶写所有作业时，下边有好多附和的声音。我听了，很为孩子们对待作业的态度担忧，就做了如下点评："同学们，你们的身份是学生，来到学校是求学、求进、求好的，所以要调整自己的心态，认真对待作业。如果你认真完成作业了，心理上是轻松的、愉悦的，玩着也是开心、享受的。作业完成得好，老师认可，自己就有成就感，学习就越发有动力，结果是学习进步、成绩优异。如果你偷懒了、贪玩了，作业没有完成，或者应付了事，成天背负着受老师批评的担忧你会玩得开心吗？同时，因作业不能按时完成，知识得不到巩固，成绩无法提升，心情也会郁闷。倘若因之养成了偷懒的坏习惯，学习质量便会大打折扣，成绩下滑。作为班主任，我绝不允许我的学生欠作业，欠了一定要补回来！同学们想一想，作业一点都不少写，为什么把自己搞成天天受批评、留校补作业的角色呢？为什么不把自己的学生生活调整为开心成长、愉悦进步的享受过程呢？"

后来每到周末或长假前我都让学生进行三思：我本周末作业多吗？哪一科作业比较耗时间？我计划怎么分段完成？然后我会发校信通让家

长定期关注孩子作业完成情况。开学后再进行如下三思：本周末我按计划完成作业了吗？按计划完成作业后心情怎么样？没按计划完成作业的原因是什么？下个周末我打算怎么做？这样多次反复进行这类三思活动，学生对家庭作业的重视度大有提高，作业质量也有了保证。

如同作业习惯的养成一样，我还引导学生进行了关于文明课间、早读专注高效、课间操快静齐等习惯养成类的三思晨会。主题如下：

早读：我今天几点进班？到班后我快速高效早读了吗？我读了哪些内容？（我的早读有计划有任务吗？是什么？）明天我怎么做？

课间：我们班的课间情况怎么样？是我希望的课间班级环境吗？我喜欢什么样的课间环境？从我做起为打造良好文明的课间环境而努力，我要怎么做？我一般在课间都干什么？我认为课间怎么度过更加有意义？我接下来怎么做？

课堂：我课堂听课专注度怎么样？什么课上我能专注听讲，为什么？什么课上我不够专注，出现过什么现象？原因是什么？需要怎样改进？接下来我怎么改进？

课间操：昨天课间操我做到快、静、齐了吗？哪些方面做得不好？有哪些不良影响？今天我怎样做？

助推学生"坚强自信"

背景材料：我发现同学们学习缺乏迎难而上的拼劲，体育训练和学习都缺乏持久性，尤其进入毕业班，学习压力大，个别孩子有逃避困难的懒惰思想。二测成绩出来以后，个别学生复习态度疲沓，缺乏动力支撑。我组织我们班开展了以下励志类的三思晨会，以培养孩子的坚强、自信。

1. 我出现复习"瓶颈期"现象了吗？在复习过程中我有什么困惑和

焦虑？我希望得到怎样的开导和帮助？面对复习"瓶颈期"我是怎么努力调整的？

最后全班同学就复习瓶颈期的应对达成统一意见：坚持！我鼓励同学们说，没有神人，毕业生都会经历这个过程，出现这种现象，你累，别人也累，就看谁能坚持，坚持就能突破穿越瓶颈期，穿越就会柳暗花明，那就是成功。

2. 对这次考试成绩我满意吗？真切感受是什么？考前复习我尽力了吗？哪些方面松懈了导致这次成绩不理想？我有上升空间吗？哪个学科上升空间比较大？我有努力提高的决心和信心吗？接下来我将怎么做？

当时同学们感触很多，有开心的，有气馁的，更有无奈懈怠的，我顺势进行了如下点评：成绩比较好的同学，希望你们用心找到自己的自信，但不能骄傲与放松，现在还不到庆功的时候，只有继续努力，才能笑到最后；成绩偶然不理想的同学，你们要反思存在的问题，更重要的是找到你提升的空间和方法，现在更不是气馁的时候，还有时间，何不来个咸鱼翻生；成绩薄弱的，你们更不能放弃，都已经坚持到现在了，如果此时放弃与中途退学的孩子有啥区别呢，这样对不住我们自己三年来的坚持啊。请同学们放心，我会尽我最大的努力帮你们实现愿望，那你们有什么理由放弃自己呢？

在此基础上，我又组织同学们进行了以下分享复习方法的三思晨会，让孩子们互相帮助，共同进步。

1. 我的升学目标（学期目标、阶段目标、进步目标、月考目标）是什么？为了达成我的目标，我要克服哪些不足？我达成目标的最大障碍是什么？为了达到我的目标，我愿意做出哪些努力？

2. 我愿意进步，让自己更加优秀吗？我为什么想更优秀？我怎样做才能更好？我希望得到谁的督促、帮助和鼓励？

3. 我学习努力认真吗？我觉得谁比我更努力更认真，是我学习的榜样？我要学习他的什么才使我更加优秀？我以后怎么做？

4. 临近考试，我准备好了吗？哪个学科我比较有把握？哪个学科、哪个部分还比较薄弱欠缺？在考前这段时间我怎样努力补上来？

5. 我在哪个学科的学习上有困惑？我希望得到怎样的帮助？我在哪个学科的学习上比较自如顺手？我是怎么做到的？（分享具体学习方法）

我们班中招前夕的复习状态稳定有序，同学之间真诚互助，鼓励加油。虽然老师和学生都很忙碌，但师生之间快乐和谐，最后的中招成绩令人满意，多次的三思晨会所起的作用显而易见。

三思晨会让学生自己思考：我怎么了？我要如何？我该怎么做？其效果比老师说教效果更好，班级管理工作也更有切入点；这样的活动能让学生敞开心扉接受我们的引导教育，让我们的正能量输入到学生的心田，让我们的管理理念渗透进学生的内心，最终使我们的班级朝我们期望的方向发展进步。

总之，每天的三思晨会就像一杯静心饮品，让学生享用后，去除浮躁，专心投入学习生活；她更像一支免疫针，让学生明辨是非对错，正向发展；她还像一瓶心智助推剂，让学生心智健全，以积极、友善、阳光的心态对待周围的人和事，成为和谐向上班级的一分子。

（作者单位：郑州市第一〇三中学）

侧耳倾听，让爱和期待
伴随学生的成长

李德菁

为了培养学生坚持写日记的习惯，让他们能够及时记录自己的所见所感，我采用了"每天给老师的一封信"的方式。为了不让学生有抵触心理，为应付作业而写，我要求他们有话则长，无话则短，但一定要"我手写我心"。本是无心插柳，不想每天一封信却成了孩子畅所欲言的乐园。

方玥写了一首诗："不知道，蘑菇是不是害怕下雨，所以才长成伞的样子；不知道，我是不是害怕孤独，所以才学会了和自己玩。"这是一首短小却精致的小诗，以此为始，班里立马刮起了一股写诗潮。杨鸿琛写了赞美老师的诗："党是太阳我是花，老师就像亲妈妈，教我学习和做人，健康成长感谢她。"李紫荣在我生病时写道："今日师生病，明日盼师好，不知能否好，但愿早日好。"可能这些算不上诗，但孩子们创作的智慧和热情在一点点高涨起来。

娄一凡在信中给我推荐了杨红樱的《非常老师》，她不仅向我介绍了这本书的主要内容，还写了她看完书后的感受，她希望所有的老师都能像书中写的一样公正平等地对待每一位学生。这封信内容丰富，思想深刻，语言流畅，表达清晰。孩子们纷纷效仿，写信的内容也都变成了书籍推荐，在信中分享自己读书的心得体会，表达自己的独特见解。原来孩子们读的书都这样有趣，他们并不像我们想象的那样简单幼稚，相反，现在的孩子非常有主见，而且有不同寻常的想法。他们需要的是点燃思想的火焰、表达交流的平台，可以毫无顾忌，畅所欲言。

刘雨涵在信中问我：在公交车上一定要给老人让座吗？她和弟弟出去玩，大家都很累了才回家，这时上来一位老人却因弟弟在公交车上睡着了没有让座而批评他们没有礼貌。这让她追问：公交车上一定要给老人让座吗？尊老爱幼是中华民族的传统美德，可是现代社会紧张忙碌的节奏让很多人疲惫不堪。关于这一话题我们开展了班级辩论会，学生明白了尊老爱幼、主动让座是传统美德，是让座者高尚品德、个人修养的体现。

孩子们都非常有心而且善良。一天我对孩子们说，每次读他们写的信是我最快乐的时刻。在繁重的工作之余，我读着这一封封信，就像走进了一个又一个天真有趣的世界。有时我和他们一样开心，有时和他们一同感叹烦恼，有时为他们的长大懂事而感到欣慰。有的孩子会在信的末尾附上一则简短的笑话："一天，老师在讲到孔子的生平时说到：'孔子，春秋时期鲁国人……'话音未落一学生举手问道：'那夏天和冬天他是哪国人……'"这群孩子是不是很可爱？大多时候我都在思考怎样可以更好地帮助他们成长，虽然有时他们也会惹我生气，甚至会让我失望。在这一路上我体验着教师的辛苦和幸福。

小杰是个特别的孩子，他很少和其他孩子玩，班上其他同学也不喜欢和他在一起，甚至刚开始他对我这个新老师也有些许抵触。他的信里总是只言片语，似乎是为了应付我才随手写的，但正是从这只言片语中我发现了问题的根源。后来在与其家长的谈话中了解到：他本来也是个活泼机灵的孩子，因为父母做生意太忙总是不在家，小小年纪的他就学会了一个人生活。虽然在物质上他的父母给予了很多，然而当他兴奋地向父母讲自己在学校受表扬或者被其他小朋友欺负难过时，父母却很少停下来耐心地听他说完，静静地陪着他。渐渐地，他不再说自己在学校的事，也不再爱学习，变成了孤僻暴躁的孩子。了解情况后，每一次他进步时我都会及时表扬并用短信告诉他的家长，让他感受到身边人对他的关心，体验到成功的喜悦。这种积极的情绪和渐增的自信便是促使他前进的源源不断的动力，正如他在信中的一句话："我感觉自己每天都在进步。"

苏霍姆林斯基说："如果学生不愿意把自己的欢乐和痛苦告诉老师，不愿意与老师开诚相见，那么谈论任何教育总归都是可笑的，任何教育都是不可能有的。"身为教师要学会倾听学生的心声，设身处地地感受学生的喜怒哀乐，在解决问题的过程中享受师生友好相处的快乐。教师学会了倾听，就能够深入了解学生的内心世界，也才能更好地教育学生、帮助学生。

也许一开始他们并不愿意玩这个游戏，可是每一颗心都期待被关注，所以最终每一个孩子都在用心记录。教育就是深入学生内心的教育，是理解和爱的教育，正如德国教育家斯普朗格所说："教育的核心是人格心灵的唤醒。教育的最终目的不是传授已有的东西，而是要把人的创造力量诱导出来，将生命感、价值感唤醒。"

（作者单位：郑州市金水区南阳路第三小学）

约法三章

沈克强

那年，我大学刚刚毕业，带着一腔热血，来到我市某职业学校任教。之所以选择去这所学校，一是学校领导的多次登门拜访，让我倍受感动；二是相关专业教师的缺少，加之自己专业的完全对口，让我有种天将降大任的感觉。

那几年，正是人口高峰期，学校的生源特别好，学生爆满。我进入学校那年也不例外。

到校后，学校让我担任的是两个年级多个班级的多门专业课，同时兼任一个班的班主任。年轻，总是无所畏惧，课多、工作量大、任务重，这些都不是问题。我一一应允。

众所周知，进入职业学校的学生的学习成绩都不是特别理想，学习习惯、行为习惯都不是特别好，遵纪守纪意识也不是特别强。因此，不论在哪个班，在第一堂课上，我均与同学们约法三章：

一、凡是我的课堂，迟到不允许喊报告（不论是在教室的前门或是后门都不许喊），你只需从后门进入悄悄地坐回自己的位置上即可，不能因为你的一声报告打扰了课堂秩序及我正常的课堂思路。但，到了课后你一定得给我讲清楚迟到的原因。

二、凡是我的课堂，上课困了可以睡觉但不允许打呼噜，可以随便说话但不允许出声音，以免影响其他学生。不过，必须保证我提问的问题，你要回答正确，否则乖乖地接受相应的惩戒。

三、凡是我的课堂，如果觉得没有意思，或者说，本节课的内容你已完全掌握，可以径直从后门溜出去玩耍，但不能被学校其他老师或领导发现。课后需要跟我讲清楚不想听课的原因，是我讲课有问题导致不想听，还是个人的原因不愿意听。

当我提出这"约法三章"后，同学们都带着怀疑问：真的吗？真的可以这样？我说，当然是真的，没问题！凡是我说到的，一定做到，我为自己的话或者做法负责，"约法三章"当然可行。

"报告！"某天，我正在上课，一个洪亮的声音从教室前门口外传来。我一听，就知道是那位非常调皮的张同学，于是，没做任何理会，继续讲课。随后，又有两三声"报告"发出，我仍然没有理会。不少同学，向门口望去，并示意那位同学从后门进入班级。没承想，那位张同学径直从教室前门大步流星地走到自己的座位上。我没有加以任何理会，继续上课……课后，那位同学主动找到我，表示主要是想试试我的"约法三章"管不管用。嗨，还真有英勇献身不怕就义者！我听后，笑笑说，老师说过的话，当然是算数的，也是管用的。不过，下不为例，不能为了试老师的话，而故意搞这些试"法"活动。张同学笑笑跑了。

某天，我正兴致勃勃地讲课，忽然一个鼾声由若有若无到声若雷震，并带有节奏地响彻开来。抬眼望，李同学睡意正浓。一个问题抛来，李同学一阵迷茫、惘然若失，不知如何回答，只好乖乖地接受了惩戒。课堂继续……

也许是我的课堂全部是专业课的缘故，也许是同学们都怕我这个傻大个儿，此后，我的课堂上，同学们都非常乖，非常听话，没有故意迟到者，也没有故意睡觉者，当然也没有不想听课借故逃离教室者。

"沈老师，你班学生怎能这样，一节课有三四位捣蛋鬼偷偷溜出教室？"

那天，我正在办公室备课，两位任课老师来到我的办公室，其中一位一脸怒气地质问我。"就是，就是，你班同学迟到也不喊报告，就直接从后门进入教室……"与之同来的另一位老师也非常不满地随声附和。"你们班的学生上课睡得一塌糊涂！""你们班学生上课乱说话，严重影响课堂秩序！""这都不是一次两次了，否则我们也不会到你这里。""本来职业学校的学生纪律性就差，没想到你班的学生会这样目无纪律！"……他们两个如说相声般，你一言我一语，不断地向我炮轰开来。我忽然明白了，这都是我的"约法三章"惹的"祸"，看来把这二位气得不轻。我赶紧把我的"约法三章"告知他们，经过我的多番解释，他们二位终于"怒"火全消。送走二位，我陷入深思，这"约法三章"到底有没有错？有错，错在哪里？没错，又对在哪里？我的"约法三章"如果提前与各位老师沟通一下会怎么样？我的"约法三章"是不是适合所有学科的课堂，特别是文化课？我的"约法三章"是不是适合所有的任课老师？……

不过，"约法三章"照旧在我的课堂上管用。随着与那帮孩子们交流的深入，我们又相继约法了第四、五、六……N章。譬如，凡是我的课堂，座位可以任意选，但所有的这一切必须在上课铃声响前完成；又如，凡是我的课堂，同学们可以直接把我"赶"下讲台，由他们自己到讲台上讲；再如，凡是我的课堂，可以随时变成音乐课、体育课，当然，这也必须在上课铃声响前提前征得我的同意……

不论何时，我均与他们执行着"约法三章"，不过这些内容仅限于我的课堂，在其他老师的课堂上没有这"约法三章"。

我的课堂我做主。据说，我调离岗位后，那帮孩子还在怀念着我的课堂。一晃，近二十年过去了，如果有机会，我还会与同学们"约法三章"！

（作者单位：新郑市教体局基础教育教研室）

用心聆听每朵花开的声音

张宏华

当我们洗手时，日子从指尖穿过；当我们沉默时，日子从凝然的双眼前滑过……弹指一挥间，我已在钟爱的教育岗位上工作了十一年，没有轰轰烈烈的起落跌宕，没有惊天动地的感人事迹，只有十年如一日的琐碎和平凡。但是，如果让我再次选择，我依然会毫不犹豫地选择我热爱的班主任工作。在与孩子们的朝夕相处中，我真切地感受到了他们的热情与可爱。当我真诚地用心对待每个孩子时，我收获的是孩子们天真烂漫的童心！

现将我日常中的一些做法与大家分享：

一、用爱心感染孩子

"感人心者，莫先乎情"，要做好班主任工作，首先要做到爱孩子。机智幽默的话语、恰如其分的赞扬，都能激发孩子的学习热情、进取心和荣誉感；鼓励和赞赏的眼神、提醒或制止的目光、真诚的微笑、大方自然而又亲切的动作都是爱的体现，都能拉近师生心灵间的距离。记得2008年冬天，我班有个叫小兴的孩子，非常调皮，下了课就和孩子们追逐打闹，在一次课下与同学的追逐中不小心被"敌军"击中——几滴墨水甩在了妈妈新买的羽绒服上。头一次见这孩子一副没精打采的样子。

我走到他跟前脱下自己的外套给他披上，随后拿着他的羽绒服到水管下搓洗。孩子见到我被凉水冻红的双手，顿时热泪盈眶地说："老师，对不起！给，快穿上您的衣服！以后我再也不捣乱了！"此后，我班再也没有发生课下打闹的事，孩子们变得越来越懂事，相处中也能互相包容、互相关爱。

二、用细心关注孩子

我们平时要强调的事情特别多，卫生、纪律、行为、生活等样样少不了班主任操心。每天早晨，我到校的第一件事就是巡视教室，看看孩子们是否到齐，遇到天冷或天热的时候，关心孩子们衣服穿得是否合适，早上是否都吃过了早餐……总之，孩子们的饥饱冷暖、喜怒哀乐无一不在我的关心范围。这样无形中给孩子们营造了一个温馨又充满朝气的学习和生活的环境，让孩子们感受到教师的人格魅力与道德形象，班主任工作起来也必然会得心应手。

三、用耐心转化孩子

我一直把孩子们的思想工作作为首要问题来抓：利用班会和课余时间对孩子们进行思想教育，帮助孩子们澄清思想上的模糊认识；和孩子促膝谈心，及时对孩子进行针对性的教育。2009 年上学期，班上来了一个叫小月的孩子。小月平时不愿与同学交流，稍不合她心意就撕同学的书，还动不动用手抓人。一个正常的孩子怎么会有如此怪异的行为呢？想要了解真相，我需要继续观察。我课下与她聊天，把早上带的饼干分给她吃……起初这孩子对我的好意根本"不领情"，任凭怎么开导她就是不理，给她拿吃的和学习用品时也是很不屑地瞟着我说："喊，谁稀罕！"尽管心里很委屈，可我还是耐着性子和孩子坦诚交流，把她带到家里，给她洗澡、剪指甲等。在我的耐心感化下，孩子愿意和我交流了。原来这孩子两岁时母亲便离她而去，她是跟着年迈的爷爷长大，这才造成了她性格孤僻偏激。后来，我针对此事在班里开展班会，让孩子们都能感受到她的坚强和独立，同时也让她体会到来自班级大家庭的温暖。慢慢地，她成了班里最受欢迎的小歌唱家，我也从她灿烂的笑容里感受到了她的自信、乐观。正是这种心与心的交流，让不知多少顽劣的孩子一改往日的任性，也让我赢得了家长感激的声音！

四、用诚心帮助孩子

作为班主任，和家长的沟通是必不可少的。每一位家长都希望老师能多关注自己的孩子。但面对老师对孩子的批评，许多家长当着老师的面批评孩子，背着老师的面指责老师，家长和老师并不能形成真正的沟通。如果我们换种方式会怎样呢？抓住孩子的某次进步、某个闪光点，当着孩子、家长的面把孩子大肆表扬一番再委婉地指出孩子的不足，随后的效果可想而知：家长高兴，孩子高兴，并且孩子会一天比一天有进步！用商量、委婉的语气向家长解释，和孩子像朋友一样交谈，这样，我们不仅能得到家长的信任，也能收获孩子带给我们的惊喜！

五、用"花心"管理班级

我所说的"花心"，是指我们在日常工作中多花费心思、运用灵活多样的方法去管理班级。每接一个新班，我都要精心设定不同的班级管理策略：制定特殊班规，把"不准""不能怎么做"变成"我们能做到""我们可以做到"；选班干部时，改变只选成绩好的孩子的习惯做法，大胆选用成绩一般、有突出亮点的孩子；值日则采用"自由结合"的方式，我只负责指定每天的值日长和规定每天值日的人数，组员由孩子们自由组合到值日长处报名，由值日长分配值日任务；"我的班级我做主"，由孩子们自主策划，我只参与其中当帮手，共同装饰我们个性而又温馨的家；"认星争优，争做美德少年""保护蛋宝宝，我知父母心""寻找不足，丢弃缺点""认识自己，一起努力"等班会活动的开展让孩子们正确认识自己，努力成为最优秀的自己……只要我们多花心思，良好的班风、学风自然悄然而生！

　　总之，班主任的工作需要我们用心去探索。如果我们像贝壳孕育珍珠一样去对待孩子，就会发现：每个孩子都是一朵花，都有一颗美丽的心，只要你爱护它、走近它，你就能听到每一朵花开的声音，看到每一朵花灿烂地开放！

（作者单位：郑州市惠济区实验小学）

点亮智慧的人生

韩英娜

在父母的眼中，孩子，或许就是一块璞玉，散发光芒，散发希望；在他人的眼中，孩子，或许就是一棵幼苗，需要阳光，需要雨露；在我的眼中，孩子，或许就是一个天使，带来魅力，带来灵动。自从第一次踏上三尺讲台，我就告诉自己，要呵护这些洁白无瑕的可爱天使。

有人说，一个学生就是一首诗，一个心灵就是一个世界。爱学生就是要对每一个学生发自内心地爱，爱得深，爱得严，感动着他们的感动，痛苦着他们的痛苦，收获着他们的收获，在学生心灵的沃土根植美好和梦想。

把赞美还给学生

教师的赞美是阳光、空气和水，是学生成长不可缺少的养料；教师的赞美是一座桥，能沟通教师与学生的心灵之河；教师的赞美是一种无形的催化剂，能使学生自尊、自信、自强。教师的赞美越多，学生就越活泼可爱，学习的劲头就越足。教师都有这样一种感觉，各班总有几个学生既不勤奋上进，又不惹是生非，对班级一切活动既不反对抗议，又不踊跃参加，虽然学业平平，却也不算落后。一般情况下，他们既得不到老师的表扬，也得不到老师的批评，是一些容易被老师忽视"遗忘"的学生。我班的英豪同学就是这样一个似乎没有什么特色的学生。很长时间以来，我几乎没注意到他的存在。直到有一天，一件微不足道的小事改变了我对他的看法，好像也改变了他自己。那是一次课间操，由于下课稍微晚了点儿，学生都急急忙忙地往外挤，我站在讲台上，维持着秩序。门后面的笤帚倒了，学生光顾着挤，好像没有注意到横在地上的笤帚。这时，英豪同学挤了过来，告诉大家看着点，别绊倒，然后收起来了。我被这一幕感动了，等学生做完操回教室后，立刻在班里表扬了他，并尽力赞美了他关心集体、为他人着想的好行为。此后，我又从几件小事里发现了他性格中闪光的地方，并及时给予表扬，使他身上真善美的品质得以激发和升华。渐渐地，我发现他变了，上课特别认真，作业完成得很好，学习成绩也有了很大的提高。这件事给我启示颇深，在工作中我开始注重以人为本，面向全体，细心观察，捕捉学生身上的每一个闪光点，及时把赞美送给每一个学生，使之发扬光大，使每个学生都感到"我能行""我会成功"。实践使我懂得，教师一句激励的话语、一个赞美的眼神、一个鼓励的手势往往能给学生带来意想不到的收获。教师对学生小小的成功、点滴的优点给予赞美，可以强化其获得成功的情绪体验，满足其成就感，进而激发其学习动力，培养其自信心，促进其良好心理品质的形成和发展，有助于建立和谐的师生关系，营造一个奋发向上的班集体氛围。请多给学生一点赞美吧，因为他们明天的成功就蕴藏在你的赞美之中。

用爱心为后进生撑起一片天空

如果我们把孩子比作初升的太阳，那么后进生就是迟升的朝阳，相比其他学生他们更需要老师的细心呵护、理解与尊重、循循善诱……

"要小心得像对待一朵玫瑰花上颤动欲坠的露珠",这句话或许有些夸张,却实实在在地告诉我们对待后进生不可疏忽大意,我们有责任也有义务教育好这些后进生,使他们和其他学生一样健康快乐地成长,展现其独特的风采。我班的亚鹏和天梓,他们两个有一个共同的特点,不爱做家庭作业,这直接导致他们两个的学习成绩很差。几次找家长谈话,效果不甚理想。课堂上,我仔细观察他们两个,课下找他们谈话,我发现他们并不是那种学不会、无可救药的学生。看来是思想问题。我开始对他们进行思想教育,初显成效。可没过几天,他俩不写作业的老毛病又犯了,我很生气,同时也有些失望,不想再管他们了,但是回头一想,如果我放弃了他们,他们也许就会越来越放松自己,所以我还得继续想办法。接下来的一段时间,我真是动脑筋了,一有空就把他俩叫到办公室,一边陪他们做作业,一边对他们进行思想教育。几天之后,我发现天梓已经能够自己按时完成作业了,没过几天另一个也开始自己完成作业了。批改他们的家庭作业,我总不忘加上一句批语,有时是"你能按时完成作业,老师真高兴",有时是"你可要坚持哦"。通过这件事我明白了一个道理:对于后进生,要想让他们有所提高,一定要抓住他们的弱点,从各个方面去关心、爱护他们,使他们感受到老师给予他们的温暖、信心和关怀,让学生真正发自内心地认识到错误,进而找到提高的办法,努力学习。

请耐心等一会儿,花儿就要开了

苏霍姆林斯基说过:"教育艺术的基础在于教师能够在多种程度上理解和感觉到学生的内心世界。"倾听不失为一种最好的方法。我们教师应该积极去听,与学生交谈,从中了解学生的某些动向。不少教师总认为学生是小孩子,不乐于倾听他们的谈话,特别是学生犯错误时,更是不给他们说话的机会，大加训斥，这样很不利于教育学生，我也犯过类似的错误。学校强调学生不准迟到，我平时也是这样要求学生的。有一次，预备铃响过了，班里的小烨还没来，我焦急地从楼上往下看，也没看到人影儿。"报告"，同学们听到声音都停止了朗读。看到他，我就气不打一处来。他经常迟到，昨天我找他谈话时，他保证说再也不迟到了。我狠狠地瞪了他一眼。"老师，我在路上……""你又在路上磨蹭，你看，都几点了。"我没等他说完，便接过他的话头训斥了他一顿，然后就再也不理会他了。课后我了解到，他奶奶生病了，他去给奶奶拿药，所以才来晚了。知道事情的真相后，我后悔自己当时没有听完他的话，我当着全班同学的面表扬了他，并向他道了歉。他很诚恳地说："老师，这没什么，谁让我以前老爱迟到呢。"反思一下，作为教师，有时凭自己的主观判断去对待学生实在不应该，工作再忙，也要给学生说话的机会，也要尊重他们的人格，认真倾听他们的说话。古人云：人之相交，贵在交心。所以，教师要放下架子，利用一切可以利用的时间、机会听听学生们的心声，听听他们的想法，注意他们的情感变化，走进他们的内心世界，使学生真切地感受到教师的关爱。

教育是育人的伟业，用真心触动学生的心弦，也同样收获他们真诚的爱。"捧着一颗心来，不带半根草去"，这心，就是为师者赤诚的真心，如春风化雨点点滴滴滋润学子心田。师德，绝不是简单说教，而是一种无私的精神，一种不息的师魂！

属于我的教书育人故事，这还只是开始，我要用我的满腔热情呵护这些天使。缺乏自信的，我将用爱鼓舞；迷失方向的，我会用爱指引。因为爱才是最美丽的语言。

（作者单位：郑州市中原区外国语小学）

小小"一日班主任"

阮海燕

细算来，我们班从学期开始就开展的这个"一日班主任"体验活动，已经开展近两个月了。

苏霍姆林斯基曾说过："只有能够激发学生去进行自我教育的教育，才是真正的教育。"班级管理工作，如果事无巨细，全由班主任操心，不仅事倍功半，难以形成班级凝聚力，还会使学生产生依赖心理。只有唤醒学生的自觉意识，培养他们的自主自立，使他们由被动的教育对象转变为主动的学习主体，变"有为而治"为"无为而治"，班级管理才会成功。

还记得当初我开展这个活动的初衷是让学生通过自己的体验，感受到班主任工作的繁杂和辛苦，从而从自身做起，遵守纪律，热爱劳动，为班级争光。

活动开展两个月来，效果不错，但仍存在一些问题。

在学生身上，我很高兴看到了这样的现象：不遵守纪律的少了，专心听讲的多了；偷懒逃避值日的少了，热爱劳动的多了；捣乱的少了，维护班级秩序的多了。这一切进步的取得，和孩子们的亲身体验是分不开的。以前做大队辅导员时，总是觉得少工委提得很响的"体验教育"似乎没有多大的意义，如今看来，这种想法真的是不对的。

　　还记得我们班的第一位同学当"小小班主任"的时候，她很紧张。虽然她按照规定来得很早，可是，不知道该做些什么。我引导她想想平时老师来到教室后会做些什么，她说："会带领同学们打扫卫生。"我说："对呀。"然后，我鼓励她去安排同学们打扫卫生。上课铃响了，教室纪律很乱，她不知道去管，我又请她想一想老师平时会怎样做，她这才知道要让同学们安静下来。就这样，第一天的"小小班主任"很快就结束了。第二天晨会，我让她读一下自己的班主任日志，她在日志中写道："从没想到，当班主任要做这么多的事情，我感受到了老师的辛苦。今后我一定会遵守纪律，尽量不惹老师生气。"

　　在后来的日子里，虽然每个同学只有一天当"小小班主任"的机会，可是，他们非常珍惜，提前算好哪一天该轮到自己，早早地来到学校辅助老师工作。尽管他们有时还需要提醒，尽管他们有时候管理方法不够成熟，尽管有时候他们工作的效果不是很明显，可是，从点点滴滴中，我看到了他们的付出和辛劳。

　　清晨，他们总是早早来到学校，安排同学进行早读和值日；课前，他们总是协助班干部，保持上课前的秩序；放学，他们又帮助体育委员管理好每一个同学走好路队。那本《班主任日志》中的每篇日志虽然很短，可是，他们记得很认真；语言虽然稚嫩，可是，一笔一画，点点滴滴，记录下了他们的工作，也记录下了他们的成长。

　　在这样的体验过程中，好多孩子知道了老师平时工作的辛苦，自然而然地对自己进行了约束，不会再做一些让老师费心的事情了。当出现问题有的孩子找到我的时候，我也总会故意"推诿"，让他们去找值日班主任和班长解决，以此来锻炼他们解决问题的能力。

　　在这样"无为而治"的管理过程中，我发现孩子们一天天长大了，变得懂事了。当我给他们讲道理的时候，他们好像也能听进去许多了。这不就是进步吗？

但是，从"小小班主任"的轮流体验中，我也发现了一些问题。我曾经撤过两个孩子"小小班主任"的职，原因很简单，责任心不够。有一个孩子拿着班里的开门钥匙，结果离上课只有七八分钟才来到学校，导致全班同学在外面等候，没办法进教室进行早读。还有一个孩子不仅不去提醒其他同学不要乱扔垃圾，就连他自己的桌椅下面还有很多杂物。这样的"小小班主任"，没有起到带头作用，反而让同学们看到了他们不好的方面。细细追究其中的原因，我想，主要是他们的责任心不够。另外，可能我指导得也不够细致。毕竟是七岁的孩子，如果单让他们观察平时我是怎么做的，不去告诉他们该怎样管理班级，他们很可能会无所适从。这也是今后我需要注意的。

写这篇案例的时候，我的脑海中又出现了这些可爱的孩子们。也许他们当上"小小班主任"的这一天，会在他们的脑海中留下深刻的印象。可能他们今后会更加配合我的工作，可能他们会在管理别人的同时，意识到自己平时有哪些地方做得不够好，今后慢慢改正。我想，让学生在亲身体验中获得成长一定比老师单纯说教的效果要好得多。

（作者单位：郑州市金水区南阳路第二小学）

一片冰心在玉壶

陈 炎

十七年来，"激励、赏识、参与、期待"是我的教育主旨，"爱心、耐心、细心"是我每天必反思的主要内容。我于思想上关心学生，感情上亲近学生，生活上关怀学生，千方百计调动学生的学习内驱力。

有爱就有活力

教师只有爱学生，才会认真备课、上课；只有爱学生，才会有责任心、事业心；只有爱学生，才会抛开一切名利，为孩子补课忘了时间，忘了自己；只有爱学生，才会理解孩子，信任孩子；只有爱学生，才会包容孩子，拥有等待花儿慢慢开放的平静。在教育教学中，我每天给孩子们读一篇关于爱的美文，如：读肖复兴的《母亲》，让孩子感悟作者母亲的勤劳、善良、无私、宽容，感悟其不是生母、胜似生母的伟大；读刘克升的《弱种子也要发芽》，告诉孩子们，有缺陷的生命也有成长的权利，对"弱种子"更应该呵护，使其发芽、开花、结果……慢慢地，孩子的心灵得到了爱的滋润，还开展了"日行一善"活动：向身边的亲友说一句暖心的话，做一件文明的事，放学时同桌互相交流自己的"成绩"。这样在互相提醒中既规范了孩子们的言行，又增进了孩子们之间的友谊。每月一次的"爱心传递"队会，让孩子沉浸在"予人玫瑰，手有余香"的幸福里。"爱心传递"队会这一创意的灵感源于我们班的明珠。明珠给我的第一印象让我终生难忘。那是 2011 年 8 月 31 号，新学期开学报到的日子，也是我和三（3）班孩子第一次见面的日子。报到工作结束了，一个叫明珠的孩子还没有来。这时一位自称是经八路居委会工作人员的中年妇女带着一个又脏又瘦又小的孩子来了，这个孩子就是明珠。明珠进教室后径直走到最后一排独自坐下。我看着这个分不清是男孩女孩的孩子，猜想她一定是个有故事的学生。果然，居委会的工作人员告诉我："明珠的家庭比较特殊，爸爸服刑在监，妈妈离家出走，她和年迈的奶奶一起生活，奶奶腿脚不灵便，明珠也不听奶奶的。整个假期明珠都在外面流浪，我刚从游戏厅把她找到送到学校来。"听完，我暗下决心一定要帮帮这个可怜的孩子！

10 月 9 日是一年一度的慈善日，这一天，我征求全班同学的意见，帮帮我们身边的贫困者。孩子们积极性很高，提议为明珠捐款，我们班给明珠买了一双新鞋子。我们还得到家长的支持，佳雨的妈妈为明珠买了一套漂亮的新衣服。我们决定在本周五的队会上，以"爱心传递"为主题，把衣服、鞋子送给明珠。明珠被大家的关爱包裹着，也在努力地改变着，她每天早早地来到学校，忙着打扫卫生，整理桌椅。但她的一些坏习惯仍然蠢蠢欲动。就在第二天，明珠悄悄拿了小辉的一百元钱。我严厉批评了她，并把这次赠送衣物的活动推迟到下周。没想到，明珠听后，竟然在黑板上写下"衣服我不要了，学我也不上了"，背着书包走了。我连忙去找她，找到她时，已是午饭时间。本想见见她奶奶，可她不在家。我给明珠买了饭，告诉她："我爱你但绝不会迁就你。你既然犯了错误就要勇于承担责任，只有敢于面对错误，才会进步。"在不知不觉中，明珠变了，变得爱学习、守纪律、开朗、友善了。每月一次的"爱心队会"也成了我们班的例会，或好书互读，或分担困难，或分享快乐。

蹲下来看学生

我深知教师言行对学生的影响有多大，所以，在工作中，我严守师德，以身作则，用真善美去启迪一颗颗心灵，用满腔热情点燃学生胸中的"理想之火"，用智慧帮助学生打开知识的大门。老师要做学生的"老顽童"朋友，要蹲下来看学生。蹲下来看学生，就是要和孩子相似，而不是要求孩子和大人相似。蹲下来和学生相似，才能理解学生，和学生打成一片，走入学生的内心。我经常跟学生一起上体育课，和学生比赛跳绳、踢毽子；和学生一起上美术课，向学生请教绘画技巧。渐渐地，我们班的孩子们和我贴得越来越近了，女孩子来例假了，问我怎么办；男孩喜欢女孩却和她总闹矛盾，向我询问原因……了解了孩子们的心理变化，教育起来更得心应手了。我所带的班很快就形成了比学习、比进步、比团结的积极向上的良好班风，学习成绩大幅度提高，体育成绩在全校最棒，优秀美术作业全年级最多。

有公平才有威信

民主、公平是班级管理的核心，是取得教育成功的要诀。教师树立了民主的思想，在教育、教学中就会多和学生商量，学生学习的积极性便容易调动起来。在工作中，我时刻提醒自己，对待学生，万不可有偏爱、偏恶，万不可讥讽学生，要以鼓励、夸奖为主。对于淘气的或成绩不好的，教师更要尽力找他们的闪光点加以赞美。

自从走上工作岗位以来，每接一个新班，我首先明确"干部竞争制度"。学生凭借积分（作业认真、发言积极、值日负责、互帮互助……凡是积极向上的行为都加分）于每周五竞争自己想干的职务。这一平等竞争形式一方面使班干部树立了为同学服务的思想，另一方面提高了学生的决策能力，同时也加强了集体的凝聚力，于是一种比学习、比进步、团结友爱、奋发向上的良好班风形成了，家长和同事给予一致好评。为了更好地帮助孩子们，我还不断阅读心理学相关书籍，尽量对孩子多一些信任、多一分尊重，为孩子们创设民主化的氛围，发挥学生的主体作用，培养学生的自我管理能力。

"衣带渐宽终不悔，为伊消得人憔悴"，教好书、育好人，是我永远的追求。

（作者单位：郑州市金水区纬三路小学）

快乐——孩子学习的追求

李　红

新课程改革的基本理念是"为了每位孩子的发展"，要求从知识与技能、过程与方法、情感态度与价值观三个维度上去促进学生个体的全方位的发展。课程核心要从"文本课程"转向"体验课程"。

我们的课堂教学，不但要对学生的知识获取负责，更要对学生的身心发展负责，为学生的身心发展提供机会。教师应努力创设一个积极的课堂环境，建立一个温暖的师生彼此接纳相互欣赏的学习环境，使学生在学习过程中有积极的情感体验。而积极情感的第一要素是快乐，因此课堂应当是孩子快乐的源泉，应不断唤起孩子对自己学习成果的期待，对美好事物的向往，对成功的渴求。

要使孩子真正享受到学习的快乐，体验成功的快乐，我有几点体会：

一、寓学于乐，增强趣味性，激发学生的学习兴趣

"兴趣是最好的老师"，孩子对所学的内容感兴趣，便能够全身心地投入其中，去探索，去发现。培养学生的学习兴趣，首先就要了解学生的兴趣。爱动是小孩子的天性，在生活和学习中，孩子总是喜欢亲眼看一看，亲耳听一听，亲手摸一摸，亲自试一试。我们的教学应顺应孩子的成长规律，以教促长，激发孩子的学习兴趣，让孩子积极参与，在轻松愉快的氛围中上好课。因此，在整个教学过程中，我积极做到：富有情趣、童心和爱心，从三尺讲台上走下来，走到孩子中间去；以人为本，倡导教学民主，建立平等和谐的师生关系，给予学生一种亲和力；尊重学生，做学生的朋友，和学生平等相待，多和学生商量，听取学生的想法，引导学生参与到学习之中，使学生在乐中学、学中乐、动中学、学中动，充满乐趣地学，体验学习的愉悦，从而培养学生的兴趣。

二、赏识孩子，发现长处，让孩子拥有自信

我发现所有孩子心灵深处最强烈的需求和成年人一样，都是渴望得到别人的赏识。

每一个孩子都是一个独特的世界，要想走进孩子的心灵，必须了解孩子的个性差异，尊重和满足孩子的心理需要，知之深，爱之切。每个孩子身上都隐藏着巨大的潜力，需要我们用赏识去发现和唤醒。赏识教育的特点就是注重学生的优点和长处，进而让这些优点逐步形成燎原之势，让学生在"我是好孩子"的心态中觉醒。教师应用一种欣赏、赞美的心态来对待学生微小的闪光点，让学生能清晰地看到自己的长处；应把大成功分解成小成功，让学生跳一跳够得着，不断从成功走向新的成功。这样，孩子就拥有了自信，不断从成功中体验快乐。赏识是开启孩子心灵之门的钥匙，是点燃孩子生命火焰的火种。

旭文是我们班语文朗读能力很差的学生，一个简单的段落让她读起来，简直急死人，重复、停顿，引来学生的哄笑。有的同学说："李老师，我来读吧，让她读不是浪费时间吗?"听了这些话，旭文的头垂得更低了，满脸羞愧之色。通过观察，我发现：集体朗读时，她不张口；个人朗读时，她也不张口。她究竟在干什么？我走到她身旁，发现她拿着笔，把文中的好词句都标出了，课后思考题的答案也都找出来了。我明白了，她是在默读，而且能力很强，否则她不可能标得那样准确。我抓住这个契机，给全班同学提了个要求：默读课文，画出你认为最好的词句，并完成课后思考题。在讨论交流的过程中，我首先叫旭文回答，大家都为她找的答案准确而感到吃惊，并用佩服的目光看着她。我适时给予她鼓励与表扬，提高了她在学生心目中的地位。她显得特别兴奋。后来，我又在朗读方面认真指导她，抓住她的每一点进步及时地表扬，帮助她树立自信心，她的朗读能力有了很大的提高，还在学校组织的朗读比赛中获了奖。

世界不是缺少美，而是缺少欣赏。而欣赏就是爱。我们的教育应给学生的心灵带来希望，给学生的自由增加翅膀，给学生的期望注入活力，使学生充满希望、自信、力量。

三、让孩子选择自己喜欢的学习方式

学生是有差异的，有个性的，学生选择的学习方式也应该是有个性的、多样的，而不是单一的、死板的。只要适合学生的，学生喜欢的，对他们来说就是最好的学习方式，他们就能够从中获得快乐。

我在语文课堂上，经常让孩子们选择自己喜欢的学习方式，或读，或讲，或背，或画，这样不仅构建了一个开放式的学习方式，而且让每一个孩子都觉得自己有"用武之地"。老师布置的任务刚刚结束，孩子们就迫不及待地参与到学习中来，并兴趣盎然。他们有的绘声绘色地朗读课文，有的选择自己喜欢的段落背诵，还有的拿出自己的画笔绘出图画。这一策略激发了学生的学习兴趣，调动了学生学习的积极性和主动性，激活了学生潜在的学习欲望，使他们主动地参与到学习中去。这种学习方式，使孩子们感受到一种平等、民主、和谐、轻松的课堂气氛。对于很多孩子来说，运用这种方式开展学习是一件非常愉悦的事。

尊重学生的主体地位，应该给学生更多的自主权，他们有权利选择自己的学习伙伴，选择学习方法，选择自己喜欢的学习方式。只有这样，课堂才能真正成为学生发展的乐园，学生才能在学习中感受到快乐。

书山有路勤为径，学海无涯乐作舟。只有快乐地学习，追求学习的快乐，才能体验成功的快乐，才能享受到师生之间彼此心灵的共鸣和思维的共振，不断闪烁创新的火花，取得理想的教学效果。

（作者单位：郑州市惠济区保合寨小学）

用爱播撒希望

付浩凌

世上有很多东西，给予他人时，是越分越少，而有一样东西却是越分越多，那就是爱！爱是生命与生命的沟通过程，是教师与学生共同度过的特殊的生命历程，是教育的基础，更是师德之魂。

进入六月，期末考试也就进入了倒计时。天公却不作美，气温逐日攀升，部分学生浮躁不安，学习有所松懈。这些孩子暑假过后就要升入初三，这次考试对他们接下来初三阶段的学习信心有着极大的影响，我看在眼里急在心上。多年的教学经验使我清楚地知道，这时候如果一味地"唐僧念经"式地说教，效果只会适得其反。怎么办，怎么办？

忽然，灵机一动，我想到了一个办法。我们是一所农村学校，孩子们的父母绝大多数都是在家附近的造纸厂、水泥厂、碳素厂等工厂里上班，回到家里还要干地里的活，非常辛苦。现在正是麦收季节，加上天气炎热，父母们的辛苦自然是不言而喻的。孩子们的心地是纯真的、善良的，他们不是朽木，而是一棵棵未经修剪的小树，等待着我们用全身心的爱去浇灌，去护理。对，应该让学生更真实更深刻地体会到父母的辛苦，让他们懂得体谅、心疼父母，进而自觉地进行自我反思、自我批评，从而找到学习的动力，坚定学习决心，持续备战，积极应考。我的想法得到了家长们的大力支持。

周五学生离校回家前，我给他们布置了一个特殊的作业：每位同学必须跟随爸爸或妈妈到他（她）工作或劳动的环境里待半个小时，仔细观察，并写一篇不少于五百字的心得体会，在下周一班会上交流。话音一落，学生嘘声一片。

星期一到校，我发现了明显的变化，往常总有几个学生拖拖拉拉，今天竟没有一个迟到。到了班会时间，学生依次读了自己的心得体会，大家都安安静静地听着。妈妈在造纸厂工作的志鹏这样写道："妈妈是折页的，这活儿看起来很轻松。我提议给妈妈帮忙，可是折了不到五十页，我的手就已经疼得坚持不了了，妈妈一检查，说力度太小，折得不合格，还得重折。折一张两分钱，折一千张才二十元，可我一个星期的生活费就要三四十元，还经常另外要钱买零食吃。现在想想真的很惭愧，以后我一定不再乱花钱。"妈妈在碳素厂工作的圆圆是这样写的："车间里是那样的闷热，我使劲扇着扇子，仍然觉得有点儿喘不上气来，可面前的妈妈，穿着厚厚的工作服，还戴着帽子和口罩，正一锨锨吃力地铲着货料。看着看着，我忍不住哭了……"

这次班会课没有说教，没有斥责，有的只是孩子们发自内心的对父母深深的感激和爱，以及他们对自己的要求和激励。我想它的教育力量远远胜过千句说教、万句斥责。我静静地站在教室一角，聆听一篇篇动人的话语、一个个感人的故事，和学生一起经历情感的洗礼，任由热泪淌在脸颊。

高尔基曾经说过："谁不爱孩子，孩子就不爱他，只有爱孩子的人，才能教育孩子。"教育的艺术不在于传播知识，而在于唤醒、激发和鼓舞。让孩子学会热爱和渴望，比教会孩子如何做更重要。

"老师好！"每当听到这一声简单的问候，瞬间的幸福感觉无以言表，也许只有身为人师者才能够体会。执教十几年，咽炎、胃病接踵而至，但我无怨无悔。有一首诗最为动人，那就是师德；有一种人生最为美丽，那就是老师；有一种风景最为亮丽，那就是师魂。老师们，让我们拿稳三寸粉笔，站稳三尺讲台，用心血与汗水去浇灌祖国的花朵，用爱播撒希望！

（作者单位：巩义市米河镇第三初级中学）

用阳光融化坚冰

——后进生心理剖析及对策

王鹏程

每个人都是有灵魂的，这毋庸置疑。但是我觉得灵魂有丰盈和干枯之分，有坚定不移和飘摇不定之分，有光彩熠熠和昏暗不清之分。教师，一位有灵魂的教师，首先应该做学生灵魂的向导，和学生一起从干枯走向丰盈，从飘摇走向坚定，从暗淡走向明亮。

——题记

所有的班主任肯定对自己班上后进生过错行为的顽固和反复都感到十分头疼，不论你是当头棒喝，严厉批评，还是苦口婆心，激励表扬，对他们作用都不大，他们要么不为所动，要么时隔不久"旧病"复发。

可以这么说，后进生折磨着每一位班主任，折磨着我们敏感而脆弱的神经，干扰着我们的教学，影响着我们的管理，损害着我们的荣誉，甚至左右着我们的心情。后进生已经成为班主任生活中一块挥之不去的阴影。

那么你静心研究过他们吗？你想到应对后进生的办法了吗？你能够破解他们层出不穷的错误吗？你了解他们过错行为背后的原因吗？

首先我们来分析下后进生的真实面目，他们可能是：

1. 一个急于表现而行为失当的学生。

2. 一个心情压抑而寻求宣泄的学生。

3. 一个内心孤独而空虚无聊的学生。

4. 一个渴望重视而不择方法的学生。

5. 一个想改变自我而触了霉头的学生。

6. 一个因为各种变故而突然叛逆的学生。

7. 一个屡遭挫折而灰心绝望的学生。

8. 一个有性格缺陷而无力改变的学生。

这些后进生心理呈现以下几个特点：

1. 表面看来很坚韧，其实内心很敏感。

2. 表面看来无所谓，其实内心很在意。

3. 表面看来很强大，其实内心很无助。

4. 表面看来杂事多，其实内心很空虚。

分析起来很简单，可是为什么我们做出种种努力，却不能改变他们呢？原来后进生在自己的心灵外面结了一层冰壳，把自己的真实思想、优点、可贵品质，甚至特长和愿望，都封闭在冰壳里面，而用冰冷的外壁面对老师。破这个冰壳，不必厉言痛喝着敲打，也不必语重心长地叩凿，只需要几缕阳光，它便融化了。这融化坚冰的阳光，就是对待后进生的接纳与平视，喜欢与欣赏，理解与宽容。

第一缕阳光，接纳与平视

每个人都有他自身的价值，每个学生都有他非凡的一面。著名教育先驱陶行知告诫教师："你的教鞭下有瓦特，你的冷眼里有牛顿，你的讥笑中有爱迪生。"在智力发展上，有的人先天早慧，有的人则大器晚成；在思想表现上，有的人先觉早悟，有的人则顽钝后醒；有些学生善于形象思维，能写上佳作文，有的学生长于逻辑思维，另有物理专长。所以，我们班主任要明白，花开有迟早，成才时难同。此时的后进生可能是彼时的优秀生，我们首先要做到的是在心里接纳他们。事实上，很多时候，我们班主任打心里不愿意接纳后进生，即便他们坐在自己的班里。

学生小展，人顽皮，上课扰乱课堂秩序，成绩差，课下不写作业，属于分班时所有老师都不愿意要的学生。知道自己处境的他，进班时灰溜溜的。在第一节班会课上，我说："不论成绩好坏，所有进到八（1）班的都是我的学生，每一个学生在我的心中都是平等的，只要你对班级有归属感和荣誉感。"

还是这个小展，上英语课睡觉，上音乐课尖声唱歌，扰乱课堂。我把他叫到办公室，他一副视死如归的样子。我拍拍他的肩膀，说："我只想知道违纪的原因。"没有怒目相向，没有批评如雨下，有的是温和的笑容。他先是一脸诧异，紧接着低下头，说他从小学三年级成绩就差，听不懂就只好干别的，历年的老师都批评他，学习上早就对他不抱希望了。我一听就明白了，这是一个历经挫折而灰心绝望的孩子。我轻轻对他说："你想怎么改变自己？"他猛地抬起头，惊讶地问："老师，你愿意管我吗？"我笑着点点头说："你是我的学生。"那一刻，他的眼睛亮晶晶的。

他自己主动坐在讲桌边上，每天课前都把讲桌擦得干干净净。要调座位了，他说："老师，我喜欢坐这儿，我要把讲桌擦得干干净净，让老师高高兴兴地上课。"我的心里一阵激动。这样的孩子，即便成绩不优秀，他能算是后进生吗？

结论：因为资质、基础等原因，我们的学生不会一样。但是，教育的根本是培养人。如果学生是铁，那我们就把他百炼成钢；如果学生是树，我们就让他参天耸立；而如果学生是泥土的话，我们就把他烧制成砖。是什么料，就成什么才。平等对待，不分优劣。我们要做的就是让学生的灵魂从干枯走向丰盈。

第二缕阳光，喜欢与欣赏

每个学生都像一条河，只不过优秀的学生像大江、大河，一路喧腾，奔流到海；后进生就如小河，纤细、曲折，饱受自己和自然的阻碍。老师们喜欢优秀生，轻视后进生。其实，小河也有自己的流程，或风光旖旎，或另藏秀丽。后进生也有值得欣赏的地方。只要他们在向前流，怀有梦想，那就让他们想成为湖的成湖，想入海的入海，愿意内流的随其自然，真有想成为地下河的，别限制他，让他成为那地下暗流吧！我们应做的就是喜欢和欣赏他们，欣赏小溪的欢快、湖泊的美景，观赏地下河带给我们的奇丽的溶洞景观。若有老师的喜欢和欣赏，他们可能做得更好。尊重他们的意愿，他们可能创造出别样的辉煌。

有这样一个女生，她喜欢上课说话，喜欢和老师顶嘴，喜欢和同学吵架，还喜欢吃零食，并到处丢垃圾。没有同学愿意和她玩，没有老师喜欢她，典型的"万人嫌"。她叫小冉。在我的眼里，她几乎一无是处。

直到有一天收语文笔记，我惊诧地发现一个秘密：这个一无是处的女孩子能写漂亮的童话故事。我当即批语：写得很精彩！我喜欢读。第二天，她居然跑到办公室，给了我一个日记本，说以前老师说她不务正业，成天胡思乱想，于是她偷偷地写。日记本上写了十几篇美丽的童话。除了欣赏，我还能说什么。我在班上读了她写的《小水滴的故事》，学生一片惊呼，掌声雷动。《小水滴的故事》后来发表在《小溪流》杂志上。我由欣赏她的童话，慢慢地开始欣赏她的人，觉得她守纪律了，团结同学了，尊重老师了。是我的眼光变了吗？当然不是，是她变了。

结论：貌似一无是处的学生，总有许多没被发现的优点。喜欢与欣赏学生的特点和专长，悉心引导，让学生的灵魂从暗淡走向明亮。

第三缕阳光，理解和宽容

教师经常难以谅解后进生的过失，埋怨、愤怒于后进生带给他们的麻烦。其实不必埋怨和愤怒，学生还是各方面未成熟的成长中的人，他们在成长过程中难免会经历这样那样的曲折，会有这样那样的失误。应该允许学生犯错误，因为首先，学生的差别告诉我们，发展得不应该成为后进生的包袱。其次，我们的目标是尽可能让学生得到的多于失去的。一个学生不会因为一个错误而成为不合格的人。

我收藏着一件玻璃工艺品——带翅膀的马，名字叫"腾飞"，透过它能看到七彩的阳光。它并不贵重，也不精美，我珍藏起来是因为它蕴含着一个男孩的辛酸故事。作为故事的主人公，小元这个倔强男生，是所有班主任的噩梦：留一头长发，你永远都看不到他的眼神；好斗，经常打架，脖子上常有伤痕；爱看课外书，净是些鬼怪玄幻暴力；成绩差，虽然初一时曾经优秀过。

几次"过招"之后，我发现他几乎是"水火不侵"的"金刚不坏之身"。我没有简单粗暴地驱赶他，而是尽最大的努力宽容他。正面强攻宣告失败，我采用迂回策略。通过对他的家庭情况及初一时的表现的调查，我才知道这是一个可怜的孩子。父母闹离婚，经常吵嘴打架。父亲离家不回，没有收入的母亲拿他做筹码，威胁他的父亲。父母的婚没有离成，小元却彻底没人管了，他的心理逐渐扭曲，一步一步发展到这种地步。我很庆幸自己当初没有简单粗暴处理，因为离婚不是一个孩子应该背负的责任，我们不能埋怨孩子不坚强。我所能做的就是理解他，并默默地宽容他，宽容他的软弱，宽容他的过失。

了解情况之后，我跟他长谈了一次。对他的遭遇我表示理解，并送给他两句话：1. 生活有七种颜色，你不要只盯住灰色；2. 苦难是一所大学，可以磨炼人的意志。那一刻，他落泪了。不久，他给我写了一封很长的信，认识了自己的错误，并跟同学们道歉。

一个星期六的晚上，他突然打电话给我，跟我说父母在吵架，还摔东西。那时我也同样无计可施，只好对他说："你只管睡觉，明天告诉你妈妈，我要跟她谈一谈。"我知道谈话不会有结果，但为了孩子，我还是尽力而为。我对小元的理解，以及为改变他所做出的努力深深地影响着他，他像变了一个人，热心班级事务，认真学习，虽然成绩不优秀，却成了一个老师们眼中的好学生。

结论：很多时候我们总在要求每个学生都成为一个完美的人：守纪律，品德好，学习棒，好劳动。这种要求本就不切实际，学生不可能都完美，也不必都完美。他们面对的生活、学习情况很是复杂，不可能始终不出错。我们要理解后进生，理解他们的心境，以宽容的态度对待后进生的每一个过失，用期待的眼光注视后进生的每一点进步，用欣喜的目光关注后进生的每一个闪光点，让后进生的灵魂从飘摇走向坚定。

（作者单位：新密市岳村镇第一初级中学）

你若盛开，蝴蝶自来

李　慧

踏进我们教室的门，放眼望去，教室中间有一个大个子的男孩，白净的皮肤，干净的穿着，让你一眼见到就那么喜欢，他就是我们班的舟舟。可是谁又会想到，他是如此的样子——

上课无精打采，要么搞小动作，要么影响别人，自己却提不起一点儿学习的兴趣，每天课堂上的东西都学得半生不熟；下课追逐打闹，喜欢和同学动手动脚，要么抱住同学不放手，要么勒住别人的脖子，别人痛苦不堪的时候，他却感到非常高兴；作业经常不做，即使做了，也做不完整，书写相当潦草，每天不是任课老师就是学生向我告状……类似这样的事情，真是说都说不完。我找他谈话，希望他能遵守学校的各项规章制度，以学习为重，按时完成作业，知错就改，争取进步，争取做一个他人喜欢、父母喜欢、老师喜欢的好孩子。他当时总是满口答应，可事后又一如既往，毫无长进，真是"承认错误，坚决不改"。

为了改变舟舟的状况，我多了一份关爱倾注在他身上。为了提高他的学习成绩，除了在思想上教育他，感化他，我特意安排几个责任心强、学习成绩好、乐于助人、耐心细致的同学坐在他周围，照顾和提醒他的日常事宜，目的是发挥同学的力量，让他感受到在这个班中有很多人关心他。事前，我先与这几个同学进行了一番谈话：为了班集体，不要歧视他，要尽你们最大的努力，耐心地帮助他，使其进步。这几位同学爽快答应，并充分利用课余时间或课堂时间帮助他，教育他。有时，这几位同学也会产生一些厌烦情绪，说他太不听话，太不乐学，没有完成作业就不见人影，经常要满操场去找他……此时，我就跟他们说：要有耐心，慢慢来。后来，他取得进步时，除了表扬他，我还特别表扬帮助他的那几个同学。在大家的帮助下，舟舟各方面都取得了不小进步。舟舟最大的特点是劳动积极，干活很干净，为了让他充分放大优点，我给他安排了擦玻璃的值日任务，让他把更多的精力用到值日工作上，他与同学之间的摩擦减少了许多。渐渐地，他脸上多了一份灿烂的笑容，多了一份自信，能融入班级的大集体中，享受老师带给他的每一缕温馨的阳光，享受班集体带给他的那份温暖。虽然他还是经常犯错误，但哪怕他有点滴的变化，都在说明我们教育的力量不可阻挡。低年级的学生，上进心是特别强烈的，只要我们引导得当，他们就会沿着老师指引的方向去获取新知，增长才干，不断进步！

世界上没有两片完全相同的树叶，也没有两个完全相同的孩子，每一个学生都是独特的，每个学生身上都存在巨大的发展潜能。针对这样一个学生，作为教师的我们应该以教育为目的，帮助他，感化他，让他取得进步。具体应做到以下几点：

一、因材施教，循循善诱。这就要求班主任深入了解学生行为背后的真正原因，从而确定行之有效的对策，因材施教，正确引导。充分发挥学生的力量，安排几个责任心强、学习成绩好、乐于助人的同学跟他邻坐，给予其学习和思想上的帮助；用关爱唤起他的自信心、进取心，给予其足够的关心和重视，使之改正缺点，然后引导并激励他努力学习，从而成为一个力求上进的学生。

二、动之以情，晓之以理。对于舟舟这样特殊的学生我放下架子亲近他，敞开心扉，以关爱之心来触动他的心弦。"动之以情，晓之以理"，用爱去温暖他，用情去感化他，用理去说服他，从而促使他主动认识错误并改正。对于家长，我们要表示理解，不要一味去指责家长的教育失利，其实后进生的家长所承受的痛苦远远要比我们多得多。我们要做的应是争取家校配合，共同肯定和见证孩子的每一点进步。

三、以生之助，友情感化。同学的帮助对一个学生来说，是必不可少的，同学的力量有时胜过老师的力量。教师可以利用好这股力量，让同学们帮助照顾后进生的学习、生活，帮助他改变不良习惯，重新融入班集体这个大家庭，与同学一起共同感受成长的欣喜与快乐。通过这样的教育、感染，学生间的情感交流得到极大促进，转化后进生工作也将取得事半功倍的效果。

有人说，没有爱就没有教育，对于班主任工作，爱的体现就应该是多动脑筋多思考。舟舟的转变赢得了大家的认可，同时我们也在帮助他的过程中体会到了前所未有的幸福感。让我们慢慢等待他破茧成蝶吧！

（作者单位：郑州市惠济区大河路中心小学）

了解"问题"学生，
解决学生"问题"

钱　军

虽然各种教育理论对高中生的健康发展都有很多研究，可"问题"学生似乎依然层出不穷。我当了二十多年班主任，与高中生进行了方方面面的接触，一旦发现问题，思考最多的是如何帮助他们。高中生的身心依然不成熟，在不断发展，在学生的成长中，若家庭、社会、学校对他们进行及时的教育引导和必要的心理干预，"问题"就不是问题，高中生的身心完全可以健康发展。而教师的作用就是通过"爱"去帮助学生解决这些成长中的问题。

问题一：对新环境的不适应问题

桀骜不驯的小杰

他是 2010 届高一新生，一开学就表现得很不一般，不做作业，不认同所有高中老师的教学方法，课堂进出教室很随意，上课时不时莫名地大笑，和老师顶撞，不参加学校组织的考试。我找他谈话，给他讲了很多道理，每次他听着听着就不耐烦，要么一声不吭，冷漠地离开了，要么大谈人性的自由，回去依然故我。其他任课教师也找他谈话，效果也都不好，就几乎听之任之，由他了。在使出浑身解数对其进行教育依然无果之后，我开始冷静思考他有这样表现的根源在哪里。通过和他周围的人及其父母的接触、沟通，我发现两个问题：一是父母平时工作很忙，也很少陪伴、教育孩子。从初中开始父母对他的最大关心就是多给钱，满足他的物质需求，孩子在自我的小空间里孤独地成长。二是父母曾经对他的许诺未能履行。上初中时，父母承诺将送他去美国上高中，他便经常在空余时间通过各种媒体了解西方国家的教育特点，课堂"自由"以及不唯分数的教育模式让他很神往，他一直憧憬着自己的美国梦，然而，初中结束后，家里生意出了问题，没有钱供他出国了，他便来到了我的班。和他的亲友沟通，发现他的表叔就是个"愤青"，经常与他谈论社会的黑暗面，而他，听得如痴如醉，对表叔很是佩服，而对老师便不再信服。

　　了解了这些，也就不难理解为什么他有后来的表现了。我约见他的父母，坦诚提出自己解决问题的办法：一是父母要了解孩子目前的表现，要意识到高中阶段是孩子心理健康发展的关键，父母无论多忙，最起码周末应该陪伴孩子，帮助孩子解决很多心理及生活中的问题；二是让他表叔亲自从正面跟孩子讲年轻人应该看到社会阳光面，树立正确的人生观、价值观，消除对社会的偏激认识。通过各方的通力合作教育，经过高二、高三两年的教育干预，这个孩子后来正常参加高考，然后出去打工了。虽然他最终放弃了上大学，但毕竟学会了适应社会，学会了人与人之间的正常交往。

问题二：对学习的无助与怀疑问题

文化成绩不好的文静

　　班里有个叫文静的学生，高一成绩很好，然而进入高二，学习虽然很刻苦，可就是每次考试成绩总垫底。开始她还能承受得住，在周记里激励自己要用更加刻苦的学习劲头提升成绩。然而,一次次不如意的成绩考验着她的心理承受能力。慢慢地,我发现她的情绪越来越不好,很低落,很少笑了,周记里也满是对自己的失望、自责,同时提到她父母因为成绩对她冷言冷语。后来一说要考试,她就找我说不想考,觉得自己再怎么努力也是白费功夫。再后来每次成绩公布时,我都有意识不公布成绩靠后学生的名次,但越是这样,她越是难受。网络上因为成绩不好出现各种危险事故的例子,常常让我半夜惊醒,我开始认真考虑该如何帮助她走出成绩的阴影。

面对当下的高考模式,我们都没有办法逃避考试和成绩,怎么能让她树立良好的学习和对待成绩的心态呢?我的方法是,每次大小考后,我都找她谈话。通过沟通,找出了她的问题所在:一是对成绩的期望值过高,以至于每次进入考场都无比紧张,影响考试发挥;二是学习不精细,方法不科学。为此,每次考试后谈话,我都让她把六科试卷拿出来,从考试心态、做题发挥、试题丢分的原因等方面帮她实实在在地找学习中出现的问题,然后制订小阶段学习计划。我给她讲《每次只追前一名》中的故事,念好文章《花开不败》,教育她重新定位自己的目标。同时也和她父母沟通,希望他们经常正面激励孩子,多给孩子家庭的温暖和帮助。经过一学期的努力,虽然她成绩进步很缓慢,但精神状态及对待成绩的心态明显好转。她在周记里写道:"感谢老师对我的不放弃和帮助,我已经找到适合自己的学习方法,不管以后成绩如何,我都会坦然面对。"终于,她变成一个让我放心的孩子了。

问题三: 对异性交往的处理问题

只和异性交往的小洋

2013 年,高二开学后不久,我就发现班里有个男生一到下课,就钻到女生堆里，谈笑风生。开始我没有多想，但随着时间推移，我发现了不对劲。一是在班级调整座位时，没有男生愿意和他坐同桌，理由是他太娘娘腔；二是他频繁给女生写信，追女孩子，很多女生都反映收到他的"小纸条"。有的女生家长也跟我反映，孩子受到"骚扰"。面对这个对异性异乎寻常"感兴趣"的学生，我该怎么办呢？还是老方法，先从了解他的过往背景开始。

他家庭经济不宽裕，平时和他生活在一起的就是母亲和他的姐姐。母亲没有工作，却对他很是溺爱，宁愿自己没有手机，也要给他配备，宁愿自己受苦，也要让他过同龄人中比较好的生活。而他的父亲是个包工头，很少回家，正与其母亲闹离婚。为了不让父母离婚，他还曾经出走过。畸形的家庭环境、锁闭的心理，形成了他孤僻、只和女生交往的性格趋向，想通过恋爱找解脱。面对这样的学生，我想还是先从家庭教育出发，让他父母明白不要在孩子面前处理夫妻感情问题，无论什么原因，生则能养，子不教，父之过，应该加大对孩子的感情投入，宽严有度；同时和孩子本人谈话，教育他男女生可以正常交往，但高中阶段无论是身体条件还是学业任务都决定了没有条件去谈恋爱，要学会尊重别人，同学之间正常交往，不要把自己的想法强加于别人；鼓励班里男生接纳他，帮助他。不到一学期，他的种种怪癖基本消除。

问题四：对成长中出现的新问题迷茫

好显摆的小然没有朋友

小然父母都是生意上的成功人士，对她非常溺爱，有要求就满足，造成孩子孤傲、目空一切的性格。上高中了，家离学校远了，父母不愿意每天开车接送，就安排她住校，然而这一住，就出问题了。住校不到一周，同寝室女孩都来找我，要求她退寝。问及理由：爱炫富，说每次她生日或是春节，父母都能给上万的零花钱；看不起人；值日不打扫内务；对人冷嘲热讽，同学关系紧张。这样的孩子，如果不进行教育干预，将来走上社会，如何与人相处呢？为此，我在平时的工作中，有意识地帮助她多去了解、接纳别人。在郑州市中小学教育拓展训练中，我和她一起走进农家，农民家庭的反差让她很是诧异，原来现在还有住在窑洞的人家。和农民一起劳动，一起做饭、聊天，她从来没有过这样的经历。在活动中她能亲身感受到生活对有些人来说是多么艰难。活动结束时，我看到了教育的希望，她在沉思。临走时，她把自己身上所有的钱都给了那家农户。在周记里，她谈到自己的生活很是奢侈，谈到农民挣钱的艰辛，同时也谈到父母的辛劳，感觉没有比让孩子多接触正面的事物更好的教育了。另外，我也让她了解别人过生日的情况，有些同龄的孩子生日时不仅没有零花钱，可能父母因为忙，干脆忘记了。如此，让她从对比中学会体谅别人。

让孩子多经历能带来正面教育的事物，有利于孩子形成良好的心理。

理论上讲，心理健康的衡量标准，有以下十项：心理活动强度、心理活动耐受力、周期节律性、意识水平、暗示性、康复能力、心理自控力、自信心、社会交往、环境适应能力。诺贝尔奖获得者李远哲博士曾经告诫，学校不要让学生太忙，否则学生就没有时间去思考。最好的教育是教师以最短的时间，给学生以启发和引导；最坏的教育是教师占了学生所有的时间，而学生又学不到什么，得不到发展。的确，应试教育、不良的家庭和社会环境，无时无刻不在影响着孩子的发展。作为教育工作者，我们要善于学习，善于了解，善于调动一切教育资源，对高中生进行心理干预，让学生的身心健康稳定发展。

（作者单位：郑州市第四中学）

我期待你的微笑

郭恒丽

实验对象：小龙，男，9岁，小学四年级学生，聪明活泼。

表现症状：

他性格倔强，"目中无人"，我行我素，喜欢在同学面前耍威风，出风头；脾气暴躁，情绪不稳定，易冲动，与同学关系不好，与老师关系紧张；自制力差，意志力薄弱，遇到挫折就大发雷霆，经常赌气。

原因探究：

1. 家庭教育的影响。"身教重于言教。"针对小龙的个性心理，我及时进行了家访。从他家长的话语中，我了解到他的父母是生意人，整天忙于生意，他自幼由爷爷奶奶带大，从小受到爷爷奶奶的百般照顾，爷爷奶奶对他言听计从，久而久之，形成了"唯我独尊"的性格。另外，由于他的学习成绩优良，他家的长辈对其听之任之，顺其自然，极少对他进行针对性教育。

2. 前期教育的影响。我是从二年级上学期时接触小龙的。我原本对他的名字就不陌生，他"调皮大王"的"雅号"在办公室闲聊时经常被他一年级的班主任提及。刚到我班的第一天，他给我的印象是挺可爱的。而一开始上课，麻烦就来了——他蹲在椅子上，双手一直摆弄自己喜欢的玩具，课本放一边，这哪有"学生样"！我一看，真想狠狠训他一顿，可仔细一想，第一节课总得留点面子。于是，我走到他身边，靠着他的耳朵说了一句："请坐端正些，好吗？"他一听，眼睛直盯着我，也许是由于看见了我脸上的笑容，不一会儿，他果真坐得端端正正。过后，我了解到，他当时闷了一肚子气，心想："以前的老师，什么事不依着我？今天可倒好，竟和我过不去？"我暗地里高兴，这一"感情处理"果然见效。因此，我相信如果老师对学生多些谅解，即使是"调皮大王"，只要"精诚所至"，也能"金石为开"。

辅导及措施：

采用综合心理辅导方法，重点培养他抗挫折的能力，分析他耐挫力差的原因，有的放矢地给予疏导、排解，培养稳定情绪，帮助其形成健康的个性心理。

1. 引导正视挫折。一开始，我采用摆事实、讲道理的方法对他加以引导，让他认识到：在生活中，遇到挫折是不可避免的，关键在于怎样正确对待挫折。记得在初竞选班干部时，他狂妄自大，以为能"轻而易举"，没想到最后却落选了。因此，他大发脾气，而同学们对其避而远之。后来，他正视了自己的缺点，但对自己的第二次竞选缺乏信心。针对这一情况，我对他说："其实你很优秀。"一听这话，他红着脸问我："老师，这是真的吗？"我点了点头。只见他又犹豫了一下："假如选上了，我能行吗？"我说："只要对自己有信心，发扬自己的优点，纠正自己的缺点，你准行的！"听完这句话，他高兴地走了。竞选会上，他"痛改前非"，以坚定的信心，博得同学们阵阵热烈的掌声，成功担任组长一职。

2. 体验艰苦劳动。"自古英雄多磨难，从来纨绔少伟男"，抗挫折能力要在挫折中获得。我故意在劳动中让他做一些消耗体力大的劳动，让他真正体验艰苦劳动的感受。因为这不仅能培养他的吃苦精神，还能培养他坚持忍耐的精神。开学初，他尽量挑些细小的活儿干，还在同学中虚张声势，遇到重些的活儿却又退却了。当他退却时，我就采用"激将法"，对他说："你长得又高又胖，力气最大，这活儿除了你别人都干不了!"他听后，吐了吐舌头，硬着头皮干了起来。

从那以后，他得了个"大力士"的雅号。有了这个雅号，他干活再也没有偷懒过。在劳动中，他不仅出尽了风头，也尝到了战胜挫折的喜悦。

3. 搞好家校配合。为稳定对小龙的教育成果，我主动取得家长的配合。我常通过家长会、家访、电话联络等途径了解他在家里的表现，建议他的家长适当让他做些家务，以增强他的耐挫力。经过一段时间，他逐渐懂事了：父母下班，他能端茶送水；爷爷奶奶生病，他就急忙去探望……家长是孩子的第一任老师，应经常反思，改进不足，提高家教水平，不能"只养不教"。学校是强化教育的主阵地，家长应密切配合老师，与老师一道齐抓共管，这犹如车之两轮、鸟之两翼，是相辅相成、不可或缺的。让孩子永远心情舒畅，永不受委屈，这是家长所希望的。可是今天你为他诉"不公"、平"冤屈"，明天谁为他披荆斩棘、遮风挡雨、铺路垫石呢？因此，做家长的应时时提醒自己：今天要为孩子准备他在未来生活中乘风破浪前行的条件，也要为他打下在逆风中行进的基础。

4. 学会克服困难。应付挫折需要具备一定的知识和技能。我觉得只有让他在竞争中经受锻炼，磨砺坚强的意志，才能培养他的韧性、耐挫力和受挫后的恢复能力，才能使他学会从别人或外界给予中得到幸福，并从内心深处激发一种自己寻找幸福的本能。这样，他才能在任何困难和挫折面前泰然处之，保持乐观。上学期，我推荐他参加作文竞赛。然而，他因准备不足而"名落孙山"。我鼓励他："虽然这一次发挥不好，但毕竟是第一次，只要你有信心，无论有多大的困难，你都能战胜的。"

他听后喜笑颜开，答应我参加下一次竞赛。

经过努力，小龙恢复了理智状态，内心达到平衡，他的脸上也常露出微笑来，他能主动去接近同学，跟同学谈心，沟通思想；能主动把憋在心里的苦闷向老师、同学吐露，解开自己心里的疙瘩；能在挫折面前自觉摆脱困难，做生活的强者。

总结：经过一学期的感化教育和多次的心理疏导，该同学情绪较为稳定，心理状态能保持平衡，达到了预期的心理教育目标。本案例表明在实施心理教育过程中，要把握时机，适时采取有效的心理辅导措施，运用综合的科学心理方法，才能达到良好的效果。

（作者单位：郑州市二七区大学路小学）

静待野百合花开的春天

石 玉

新课程标准提出要以学生为主体，这就要求我们教师要重视每一位学生的发展。每个班上都有暂时落后的学生，他们也享有作为主体的权利。班级里面往往有许多很顽皮、很聪明的学生，他们的顽皮掩盖了他们的聪明，以至于他们在老师的眼中便成了一个差学生群体。

有一次，为了调动班级后进生学习的积极性，我让每一组的后进生作为组长检测本组古诗词的背诵和默写。没想到上午布置的任务，下午就有一个学生来找我，向我反映说他们组组长不让他背，还扬言说全组不用背都可以过关，而他背了也过不了。我及时找到那个组长了解原因，没想到他的一句话弄得我哑口无言，他给我的答案是"他是坏学生"！"坏学生"，一个多么刺耳的代名词。好和坏是从品质上来区分的，每一个孩子都是一个纯洁的天使，本质都是好的。将"坏学生"这样一顶"帽子"扣在他们头上，让他们背负了过多的自卑和无奈。

后进生在平时很难得到老师的关注和表扬，所以他们便用一种极端的行为，也就是更调皮，来吸引老师和同学的注意。上课说话、发出怪异声音、做小动作、插话等等这些现象都是他们想要引起别人注意的一种外在表现。他们也是渴望被关注的，简单的一句赞扬和鼓励便能使他们在思想上感觉自己得到了极大的认可，进而在课堂上表现得更加积极。所以对待后进生要善于发现他们的优点，并加以赏识、鼓励，从而调动他们学习的积极性。

小晨是我班里的一名后进生，本来基础知识就比较薄弱，再加上习惯做小动作、上课说话，所以成绩每况愈下。第一次期中考试语文只考了22分，我非常生气，对他进行了批评教育，并且责令他对错题进行分析，写出学习计划和情况说明。结果两周过去了，没见到他的任何一样东西。后来通过了解知道，由于期中考试他各科成绩都不及格，受到了不同程度的批评和惩罚，所以，他索性破罐子破摔，什么都不做，平时上课到教室外面站着却成了他最大的"乐趣"。与此同时，小晨在家中出现了叛逆、反抗等现象，家长表示束手无策。为了转变他的学习积极性，我在课堂上努力发现他的优点，进行表扬。每次受到表扬之后，他都很高兴，努力去寻找下一个问题的答案。后来，我又叫他负责收全班的练字，发现他认真的程度真的是一丝不苟，同学们也由刚开始的不解、嘲笑和埋怨变成主动上交、接受他的检查。慢慢地，我发现小晨在课堂上开始安静了，不会的知识努力去记。结果期末考试取得了58分的成绩，虽然还是没有及格，但是已经有了很大的进步。后来，他在网上给我留言："老师，这次考试虽然我还是没有及格，但是我已经尽了最大努力，我下次一定好好考，取得好成绩！"虽然，没有取得理想的成绩，但是努力后的硕果是欣喜和甜美的。

法国教育学家卢梭在他的《爱弥儿》一文中精辟论道："人生当中最危险的一段时间是从出生到十二岁，在这段时间中还不采取摧毁种种错误和恶习的手段的话，它们就会发芽滋长，以至以后采取手段去改的时候，它们已经扎下了深根，永远也拔不掉了。"改变不良习惯并不一定非要用拳头加棍棒，有的时候一句鼓励、一个眼神也会使他们感受到你的爱。

　　对于后进生的教育和转化，首先应该一视同仁。有的人认为培养一个优等生很重要，而改造一个后进生是一项巨大的难题，徒劳无功，收效甚微，他们也不能在成绩上带来多大的"效益"。所以，很多老师对待后进生的原则就是只要他们安静不打扰其他同学学习就可以了，至于他们学不学、做什么是无关紧要的。甚至有的老师一上课就把一部分后进生赶到教室外面去，放任自流，眼不见心不烦。可是，我觉得从教育的角度来说这是极其不负责任的行为。教育的本质就是要教育学生如何做人，在对学生进行思想品质教育的同时使其掌握一定的理论知识和技能。我的做法是要求后进生在保证课堂教学秩序的前提下进行"小灶"学习：每节课前给一部分后进生布置本节课重点需要掌握的知识点和内容，课堂上他们可以采用自己的方式去学习。我想，只要他们能够学会其中的百分之五十就是一个不小的收获。我想早在两千多年前，孔子的"因材施教"也就是这样教育学生的吧。

　　其次，要和学生站在同一起跑线上。作为一名教师，处理学生工作时要具有同体感。后进生在本质上都是好的，正是由于想好、想被关注而又有所限制，所以久而久之便异化为调皮捣蛋的"坏"学生。加之坐在后排的同学一般个头儿较高，长得较强壮，在一定程度上促使他们会用一些暴力的行径欺负其他同学来吸引别人注意……教师要了解，后进生想引起别人注意的这种想法是时刻存在的，每个人的内心都希望自己能成为众人眼中的骄儿，他们当然也不例外。

　　最后，要"特殊"关爱"后进生"。除了冷处理他们的极端行为之外，我们还要从根本上解决问题：给予这些处在教师视野盲点的孩子更多的关爱。对于这类学生我们要及时发现他们的优点并及时给予表扬，尤其是我们精力和时间相对充足的年轻教师，对他们应给予更多的关注，注重发现他们本真的善和美，多加肯定和表扬，用更多的鼓励让他们感觉到自己也是受关注的。我们千万不能忽略表扬在引导学生时所起到的作用。尤其是这些学习成绩暂时比较差、不能经常得到表扬的学生，表扬对他们而言尤为重要。俗话说"良言一句三冬暖"，多给他们一些表扬，犹如给予他们多一点阳光。我相信有了我们的爱心和恒心，他们会更好更健康地成长。

总之，教师要正视、重视这部分学生的存在。只要我们坚定信心，共同努力，科学教育，把转化后进生工作作为教师工作的一个重要方面和教师义不容辞的责任，用浓浓的师爱去关心他们，用高尚的师德去感染他们，终有一日这些迟开的野百合将会开得非常绚丽，非常灿烂，迎来属于他们自己的春天。

（作者单位：郑州市第八中学）

"治治"变"唤醒"，教育更温暖

王会鲜

在班级管理工作中，当出现问题学生时，很多教师潜意识里首先想到的是"治治"，治治他的不合规范的思想和行为，从而让他"改变"。如果我们换一种思路，变"治治"为"唤醒"，唤起孩子内心里的自尊、自信，激起孩子潜在的积极性，教育就会变得更加温暖，充满魅力。我班学生光耀的转变过程，让我对办有灵魂的教育，有了更深刻的理解，对班级管理工作也积累了些许经验。

一、问题学生，找准问题

"砰！"办公室的门被几个神情慌张的孩子撞开了。看到我责怪的眼神，他们七嘴八舌地争相解释："老师，光耀在男厕所给别人发烟，并说是他爸给的。"

"值周学生说取消我们本周流动红旗资格。"

"他现在在德育处，干脆让他回家吧，整天给我们班抹黑。"

......

虽然开学才两周，但这个光耀的"事迹"真不少：今天骂这个女同学，明天打那个男生，在课桌椅上刻字，上课故意怪腔怪调地回答问题，引得同学们哄堂大笑……看来，今天的班会还得好好"治治"他。

"老师。"一个女孩的声音打断了正在想办法的我。

"老师，我和光耀是邻居，他爸爸在我们上五年级时就带着别人跑了，他妈是清洁工，经常一生气就打他。他怕别人小看他，故意把昨天我们楼上哥哥结婚发的烟拿到学校，说是他爸给的……"

说完光耀的情况，这个叫小梦的女孩小心地加了一句："老师，同学们都在班里说让他转走，实际上他原先学习挺好的，就是他爸爸走后，别人经常借这事嘲笑他，他才变成这样的。大家都觉得他的行为挺可恨，可实际上他是我们班里最可怜的，他就是想引起大家的关注……"

听完小梦的讲述，我才发现自己对学生的了解仅仅限于表面，而有效教育的前提，首先是最深入的了解。于是，我毫不犹豫地拨通了光耀家长的电话，当然，这次，不再是责备家长的失职和抱怨教育孩子的费劲，而是聊孩子在家里的表现，聊怎样关注青春期的孩子。家长那连声不绝的感谢话，让我羞愧不已，对孩子应有的关爱和理解，在家长这里，都被无限度地放大了。看来，问题孩子有问题，也正说明我们存在着问题。

二、利用班会，融入集体

和家长交流后，我的目光停留在了正在准备的"如何成为一名合格的中学生"班会课上。对于这节课的内容，班主任会的讨论结果是利用各种学生喜闻乐见的形式从行为规范等方面对学生进行教育。可现在，我对集体备好的课有了质疑……

长久以来，我们把"为了每一个学生，为了学生的一切，为了一切的学生"做成标语，挂在嘴边，总认为自己的一切教育都是为了学生好。可现在想想，我们真的了解他们的内心吗？

德国的哲学家雅斯贝尔斯说："教育本身就意味着：一棵树摇动另一棵树，一朵云推动另一朵云，一个灵魂唤醒另一个灵魂……如果一种教育未能触及人的灵魂，未能引起人的灵魂深处的变革，它就不成其为教育。"光耀的情况不正是这样吗？从小学到初中，我们都在费心费力地为让这个孩子成为我们心目中的"好学生"而努力，晓之以理，动之以情，可我们想的、做的目的都是"改变"，把自己心目中的规则灌输给他们，可"唤醒"呢？

有时候，或许迫于教师、家长的压力，这些孩子的行为会有所收敛，可终究治标不治本，看来，今后再不能有"治治"学生的想法了。我们只有唤醒孩子内心的爱、激情、梦想，才会真正让教育走进孩子内心深处……于是，我更换班会课的内容为"爱，你会表达吗"。

贴近学生生活的话题、精心编排的小组，让同学们的热情空前高涨，每个学生都积极地表达、交流，甚至有的同学说着说着就掉起了眼泪。在小组交流阶段，我特别注意了光耀。刚开始他故意摆出一副不屑一顾的表情，后来，在小组长小梦的热心鼓励下，在小组成员的掌声里，他逐步融入了同学们的交流中。

稍微含有竞赛性质的班级展示阶段到了，各组以不同的方式表达着对家人、教师等不同对象的"爱的表白"。轮到第三组时，组长小梦率先站了起来："刚才大家以不同的语言、不同的方式表达着我们的爱，你们精彩的语言、动情的阐述，让我们接受着爱的洗礼。那，什么样的表达最深情呢？我们组首先请光耀同学把爱说出来。"

在小组成员的掌声中，光耀扭扭捏捏地站起来，没有了平时玩世不恭的模样，但也说不出一句话。我及时鼓励道："光耀同学的名字就寄予着父母的厚望，光宗耀祖，大家再给光耀加加油！"

"光耀！""光耀！"

在同学们热情的呼声中，这个平时我们眼中的"问题孩子"，还没说话，眼圈先红了："谢谢大家，我首先向大家道歉。实际上我很爱和同学们玩，可总认为大家只喜欢学习好的同学，刚才我们组的同学都说出了对我的爱和希望，我也很爱大家……"

在他的表白中，大家听到了一个懂得心疼妈妈，却又时时犯错，渴望爸爸归来，却又不知所措的迷茫男孩的心声，听到了一个想交朋友，却又不知方法，总是以另类方式引人注意的无助男孩的心声。

在光耀的诉说中，班级刚才那种活跃、热闹的兴奋劲儿没有了，每个人都在静静地听，都在尝试着从新的角度去理解班里的每位同学。

这次班会，让光耀融入了同学、集体当中。我相信，班集体的感染力、改造力，胜过教师无数次的训斥、说教。

三、多措并举，激发潜能

班会后，我趁热打铁，放学就和小梦及几个班委来到了光耀家中。李妈妈激动地不断流泪，光耀也懂事地让座，倒水。在和李妈妈拉家常中，我告诉她如何尊重孩子，培养孩子的自信心；同学们和光耀谈班级趣事，谈各自的计划、理想，约定互相监督提高，看看三年后谁更优秀。

家访后第二天，光耀的状态和以前截然不同了，笑容灿烂了，积极向上了。为了使每个孩子都像光耀一样受到关注，我在班里实行值日班长制，班长每天轮流当，给每个孩子展示锻炼的机会；让学生在黑板左上角每天轮流书写"我最爱的名言"，激励学生发挥自身潜能，活出自我风采。

为使自己的"唤醒"能持之以恒，我开始尝试利用各种活动载体提高学生综合素质：组织团体活动，指导学生自行搜集实践课的资料，自己推选主持人；成立班级互助小组，建立家校沟通渠道，利用"家访进万家"活动，发挥任课教师和班委的集体力量……

我在班级工作中不断更新自己的教育理念，不断寻找最能激发学生潜能和自信心的教育方式，不断静心思索如何真正以学生为本，如何让自己的教育行为符合教育规律……

如今，班级优秀学生展示栏里，经常会有光耀潇洒的签名，而我，也更加坚信：只有爱，只有唤醒，我们的教育才会真正走进学生内心深处，才会真正成为人民满意的教育，有灵魂的教育。

（作者单位：巩义市第三初级中学）

乘着快乐的翅膀

陈宝娜

担任一年级语文教学工作以来，我咀嚼过失败的苦涩，也品尝过成功的甘甜。经历过一次次心灵的碰撞，我对自己所从事的工作有了更多的信心和热情。我爱学生，尽我所能引导他们，让他们在关爱中健康成长。

"爱" 的悄悄话

大部分人会认为一年级的课上起来挺难的。有一位研究语文的老专家说：让我上哪个年级的课都行，就是不能上一年级的课，太难组织了，小家伙们在教室和小猴子一样没法管。

其实，并没有那么可怕，给他们上课挺有意思的。记得学《看电视》这一课的时候，课文后有这样一个问题："每个人心中都藏着一个什么秘密？"平时孩子们会举手回答问题，这次我没让他们举手，告诉他们谁想好了，就坐端正，我过去时悄悄说给我听，因为这是一个秘密。试试吧，大不了纪律不好，他们乱说一气！

但是完全出乎我的预料，教室里出奇地安静，孩子们都静静地坐着，默默地想着，等着我走到他们身边。那一刻，我幸福极了，感觉教室到处都开满了思维之花，我就像一只翩翩起舞的蝴蝶，不知该在哪一朵花儿前停留。我听到了他们的召唤，看到了他们的迫切，感受到了他们的喜悦。

我走到了怡静的跟前，她凑到我耳朵跟前轻轻地说："爱！"她笑起来的时候小酒窝特别迷人。我也笑了，这一刻，无须用语言来评价，是心与心的交流。

我又走到了小杰的跟前，他悄悄地说："是爱！"我又接着问了一句："那你爱我吗？"小家伙不好意思了，说"YES"，接着就捂着嘴，低着头坏坏地笑。别的孩子还不知道怎么回事呢，只能意会不能言传大概也就是这样了吧！

爱，是这个世界上最纯洁的字眼，从孩子们嘴里说出来的时候我深信爱的存在，也希望他们能感受到我对他们的爱。

最让我高兴的是孩子们能静下来想问题了，没有了往日的浮躁和激动，也没有了平时的活泼和好动，就那样静静地思考、感悟，他们长大了！

当老师的人就是这样，刚还被学生气得肚子疼，但看到孩子们的一点进步就特别高兴，就这么容易满足。没办法，这是天性！

天花板上的蜘蛛

一天早上上晨读课时，我正在黑板上抄写一些练习，突然感觉到孩子们朗读课文的声音渐渐地有些分散。转过身一看，有几个孩子正指着天花板看。顺着孩子们所指的方向看过去，原来又是一只蜘蛛在雪白的天花板上爬行。前天上课的时候，这只小东西也出现过。

我什么也没说，停下手头的工作，安静地看着他们。有些孩子也许是感觉到了我的目光，重又回到课本上来，但还是忍不住要往上看一下。

他们毕竟只是一年级的孩子，注意力不集中，容易受外界事物的影响，不容易约束自己的行为。

我想，再继续读下去，效果也不会很好，于是，干脆让他们把课本放下，认真观察天花板上的这只不速之客，再要求每个人写一篇关于"天花板上的蜘蛛"的日记。他们先是一愣，然后马上照办。这是他们第一次学写日记，每个人都显得特别兴奋。正在这时候，那只小东西不知道怎么回事，突然从天花板上掉了下来，逃到课桌底下然后就消失了，前排的孩子都吓得惊叫起来，但马上又安静下来了。

这篇日记很多孩子都写得不错，只是很多学生还不会正确使用标点符号。现在我把几篇写得比较好的与大家分享一下。除了修改标点符号和个别错别字之外基本上保留了原来的样子。

早上，我们在读书，突然看见一只蜘蛛。蜘蛛一不小心从天花板上掉了下来。蜘蛛挣开蜘蛛网安全地降落在地上。（梦阳）

早上，早读的时候有只大蜘蛛在天花板上爬，一不小心掉了下来。我们都吓坏了。老师叫我们写蜘蛛的日记。（小杰）

一天，我们在读课文。可我不认真读课文，我就看天花板。突然天花板上出现了一只大蜘蛛，大蜘蛛一不小心掉了下来。（小兰）

早晨，读课文的时候我看见天花板上有一只大蜘蛛。它在上面两天了。那只大蜘蛛在天花板上结网，一不小心掉了下来。坐在前面的同学都叫了起来。我就不知道它在哪里了？原来在前面的同学的脚下。（怡静）

有一天，有一只蜘蛛爬到一年级教室来。第二天，我又看见它在天花板上吃蚊子。后来，它不小心就从天花板上掉了下来。（小鑫）

……

能够通顺写一句话的学生我给他们一颗星星，写两句以上但不完整的得到两颗星星，把事情写得比较完整的得到三颗星星，有个别句子写得很不错的学生得到四颗星星。经过这一次，很多孩子都尝到了成功的喜悦，并喜欢上了写日记。

写好字有招

和我的学生在一起，我不止一次地体会到生生之间的欣赏和尊重能创造出一种无法预约的精彩。

为了让孩子们写好字，我可费尽了心思，每次讲解示范不仅手脚并用，还挖空心思地编口诀、编故事，力图让学生学得有趣，学得扎实，写得美观。

尽管我声情并茂，但对鹏鹏这个孩子来说收效甚微。这个孩子让我怜爱也让我无奈。他的生理和心智的发展都滞后于其他孩子，特别是手的协调能力，有时似乎会不听使唤，因此他的书写很令我头疼。他还和入学时一样，字写得忽大忽小，常常满满占据整个格子还不"罢休"，还得"骚扰"相邻的"领地"。我总是爱怜地叫他"鹏鹏"，鼓励他把字写得"可爱"一些，但是"庞然大物"仍然常常出现在他的作业本上。我很清楚他并不是有意的，他和别的孩子有差别，不能拿同一把"尺子"来衡量，但我坚信他没有尽全力，他的书写可以更规范一些。

可是这个突破口在哪儿呢？

一次书写课上，我做了一次尝试，我告诉学生："这节书写课，选自己最拿手的字来写，然后全部张贴在学习园地里，由同学们投票选出最佳书写奖。"

然后，我煞有介事地在讲台上放了一个投票箱。孩子们眼睛发亮，兴奋不已，每个人都是那么专注。鹏鹏写得格外认真，居然大小一致写了一页。

　　课间我将书写作业一一张贴，小朋友们围上来，叽叽喳喳地评论。我有意表扬书写进步的作业，并将鹏鹏的作业贴在正中央，夸张地啧啧称赞。鹏鹏的脸上满溢着激动的喜悦。投票的结果，让我又惊讶又感动，鹏鹏被同学们推荐获得最佳书写奖！小朋友们说，鹏鹏最努力，进步最大，所以最棒！他兴奋得小脸通红，在教室里蹦来跳去。男孩子们喊着叫着和他抱在一起。多么可爱的孩子呀！现在，鹏鹏的书写一直非常认真。

　　"唯有从心里发出来的才能到达心灵深处。"伙伴们真挚的肯定和鼓励使他倍受鼓舞，这种情感体验的延续久久地激励着他。

　　生生互动产生令我始料未及的教育效果。以前觉得教师爱每一个孩子，只是理想化的美好愿望，而这些孩子为我指明了爱的方向，他们用真挚的心折射爱的光芒，将爱传播得更广，更温暖。

　　一分耕耘，一分收获，日复一日，年复一年，我默默耕耘，无私奉献，看着自己的学生在一天天健康地成长，看着他们取得一次又一次的胜利，我感到无比欣慰。有什么事业比造就人的事业更伟大？

　　我愿把我的青春和汗水献给这春的事业，献给这阳光的事业。

　　　　　　　　　　　　（作者单位：郑州市航空港经济综合实验区第十八小学）

书信，拨动学生的心弦

阴志玲

小学毕业前夕，学生的心情是复杂的。怎样让学生的心平静下来回归到学习中去呢？老师心底里流出的无声话语，也许会给学生带来一点点的触动。思之又思，写了下面这封信——

毕业，不是"毙"业

可爱的孩子们：

看着你们一天天长大长高，真令人高兴！

天气逐渐热起来，毕业的气氛也如夏日的阳光一般日益热烈。想到你们马上要离开小学，奔赴下一个站台，替你们高兴的同时，我的心中泛起缕缕的忧伤。每当想起你们天真的笑脸、甜美的声音，心中的不舍，就像母亲送别孩子。不忍转身，只能目睹你们前行的背影。

那天，你们要照毕业合影照，一位同学来喊我。当我坐在你们中间，被你们的热情包围，我是幸福的。你们每个人在毕业合影照上，都留下了最灿烂的笑容。这笑容，饱含着对小学老师、同学的感激和不舍，也暗含着对未来学业的憧憬和向往。我相信，在未来的学习之路上，你们会走得很远很远。

最近，很多学生拿着留言册让我留言。孩子们，我想给你们留下的，不仅仅是一个词、一句话。我想给你们持续的鼓励，想让你们在离开我时，仍然感觉会带给你们力量。我不是风雨中永远屹立的那把伞，但是我愿意尽我所能为你们遮风挡雨。看着那一页页的留言纸，我知道那是一颗颗纯真的心、驿动的心。感谢我们的相遇，在生命短暂的流光里，有和你们在一起的温暖记忆。我想好好给你们写留言，用我的心写好每一撇每一捺。

随着年龄的增长，你们应该越来越懂事，让老师因你们而骄傲，让家长因你们而幸福！可是，可爱的孩子们，看到你们最近的表现，我却不知道该如何下笔了！

昨天下午我走进教室的时候，班主任在讲台上坐着，有学生正在全神贯注地抄数学作业。今天早上，我早早进班，你们没发觉，可能是沉浸在写数学家庭作业中吧！是不是昨天的家庭作业太多了？或是其他什么原因，让你们应接不暇？我走到一个学生的面前，他在抄作业。抄作业，我不吃惊。昨天，我在课堂上说你们不是学生是"抄生"，你们都咧着嘴笑了。此"抄生"非彼"超生"，真的很可笑吗？都有谁做过"抄生"之事呢？

看着你们像小鸟一般，羽毛逐渐丰满，真替你们高兴。我知道，你们想飞向蓝天，去见识更大的世界。可是，可爱的孩子们，做一个"抄生"怎么可以呢？你们令老师不安。即使是自己写的作业，有几个写的字能看？看看你们那张美丽或帅气的小脸，那么糟糕的字怎能出自你们之手？你们浮躁呀浮躁，在夏日的阳光里。难道是你们被什么附身了不成？

对，你们真的是被什么附身了。如果我没猜错的话，你们是被"毕业"附身了。我知道，你们懵懂的心，更期盼的是赶快毕业。你们的小心思，我怎么不懂呢？你们觉得小学一毕业就会进入天堂，可以好好地舒展筋骨尽情地玩乐。是这样吗？在你们的心中，小学是什么？是地狱？哦，不，可爱的孩子们，等你们到了初中，你们一定会无比眷恋和怀念小学的惬意时光。那个时候，你们的心中会有答案的。

可爱的孩子们，毕业不是"毕业"，你们的人生之路才刚刚开始。小学毕业，只是你们人生中的一次非常小的典礼而已。它只是意味着你们要走向高一级的学校，开始新的学习之旅，而不是像你们想的那样，学习从此终结。学习，没有钻进去的话，的确是一件枯燥乏味的事情；钻进去了，你会发现学习很美妙，比你吃美食喝美酒还要令人沉醉。咱们班有钻到学习中的同学，像陶琪雅、闫瑞婷、段家旭、刘晓雨、武娇、李雯、张子俊等，他们哪节课不是全神贯注，哪次作业不是认真对待？

自古以来，成就自己做最好自己的人，都是和"踏实、勤奋、认真、执着"结缘的人。你们都有梦想，不能让梦想只是梦想。你们要始终不忘记梦想，不怕吃苦流汗，脚踏实地地走好每一步，认认真真地做好应该做的事情，这样，成功才会向你招手，梦想才会成为现实。

可爱的孩子们，距离小学毕业很近了，聪明的你们，应该懂得该怎么做了，从现在这一刻就开始，好吗？

最后，把冰心老人的一首小诗送给你们："成功的花儿，人们只惊美它现时的明艳！然而当初她的芽儿，浸透了奋斗的泪泉，洒遍了牺牲的血雨。"

可爱的孩子们，祝福你们！祝你们在人生的道路上走过泥泞，走过波折，收获鲜花和掌声！

数学老师：阴志玲

2014 年 5 月 21 日

给学生读了这封信后，我让每个学生给我写回信，不要求长短。部分学生的回信如下：

云啸：老师，今天听了您给我们写的一封信，我十分感动，突然有种想哭的冲动。老师，您知道吗？您是唯一一个给我们写信的老师。您对我们的学习是那样的负责任，就像我们的第二任母亲。您对我们无微不至的关怀，使我感觉到了学校就像到了家一样，让我们感受到母爱般的温暖。您无论多劳累，都认真地给我们改作业，改不完还带回家改。您对我们说毕业不是"毙"业，我陷入了深思。是啊，老师您说得对，我们不能坐井观天……花儿以它馥郁的芳香作为对哺育它的大自然的回报，我就以学习上的进步向您表示感谢吧！（云啸同学的家长看了孩子写给我的信，留言说："老师，今天看了云啸写的反思，我也知道反思了，可能也怨我们家长没有配合好老师，希望老师以后能够多多开导他们。"）

宇岚：老师，当您今天念那篇文章时，我发现我的心弦被您死死扣住，我不知道心中有哪一块儿软肉被感动。我流了泪，好久都不曾这样哭过！真的，每个人都有梦想，从近到远一个个完成。我不知道自己有没有那个能力，但我会尽我所能，努力去奋斗，不管有没有人在乎我的汗水和泪水。

小杰：老师，今天您给我们读了您写的《毕业，不是"毙"业》，文章很长，您一定很用心。在文章里，您用"可爱的孩子们"来称呼我们，我觉得有些好笑。也许在您的心中，我们永远是可爱的孩子。在文章中，您说把我们当成自己的孩子一样，我很感动。在我的脑海里，有和我们一起欢笑的您，有严厉的您，是您教会了我们"天下难事，必作于易；天下大事，必作于细"的道理，我将终身受益。

云丹：今天听完您写的那封信，我非常感动，很想流泪，可我不能，因为我的眼泪不会轻易地流下来。可是，我还是默默流下了两行热泪。

为了不让别人看到，我装作很热像擦汗一样把眼泪擦掉……

……

读着学生心中的话语，我看到了一颗颗纯真的心。

教师如星，以生命之光孜孜育人。

捧着一颗心来，用真心换取真心，让学生在感动和醒悟中前行吧！

（作者单位：郑州市二七区齐礼闫小学）

叙事篇

　　你的教鞭下有瓦特，你的冷眼里有牛顿，你的讥笑中有爱迪生。你别忙着把他们赶跑。你可不要等到坐火轮、点电灯、学微积分，才认识他们是你当年的小学生。

——陶行知

尊重，让学生找寻应有的生命价值

——一个问题学生的诊断转化帮扶心得

刘洪杰

教书育人，就要从最实际的问题入手，转化问题学生是最重要的一项工作。教师要从改善学生的学习、生活生态入手，让其在课堂、生活中享受到幸福和快乐，提升其生命质量和生命境界，达到应有的教育效果。

——题记

韩愈在《师说》中曰："师者，所以传道受业解惑也。"当前阶段，由于信息技术飞速发展、经济社会快速转型，社会价值观呈现多元、多极发展趋势。在育人道路上，我们随时会面临各种各样的问题学生，他们不同的个性特点、各种突发事件，以及师生、生生之间的矛盾冲突，给育人工作带来了一定难度。但多年的教育实践表明：教师只要在教育过程中坚持以学生为主体，以学生发展为着力点，用博大的师爱营造一种尊重、关爱、民主、和谐的学习生活生态，在教育过程中很好地实现三维教学目标，让课堂教育呈现德性化、人性化、生命化，让学校成为教师和学生共同的家园，让课堂活动充满生命的意蕴、格调和情趣，就能取得一定的教育成效。教师要依据不同学生的特点因材施教、因时制宜，采取最适合的方法点燃一个个充满期待的火把，让他们在知识的海洋里自由呼吸和搏击，在不断感受、体验、发现和领悟中前进，不断完善自己，逐渐走向智慧的成功之路，进而实现生命的价值。

一、天道酬勤：有备无患，家访让"问题学生"柳暗花明

对于班主任和任课教师来说，家访是了解"问题学生"有关情况的重要途径之一，它可以快速形成家校教育合力，让教师在家访中捕捉到崭新的教育契机，找寻出最适合的教育策略，从而使一些教育"老大难"的问题呈现"柳暗花明又一村"的境界。家访对于转化较为复杂的"问题学生"来说，尤为有用。

2013年秋，刚开学，我们班从外地转来了一个叫萌萌的同学，是个女生，高高的个子，胖胖的身体，姣好的面容，一张能说会道的嘴巴，笑起来眼睛眯成一条缝，还有两个小酒窝，看起来是一个蛮可爱的小女生，呈一定的早熟倾向。我对她的第一感觉还是蛮好的。经过一段时间的观察，我发现我的第一感觉是错误的，这让我尝尽了苦头。她的表现是这样的：平时在老师面前文文静静的，但每次家庭作业经常拖拉甚至不完成或者干脆不做，课上经常出现一些"小动作"，很有些写作天赋，就是很懒惰。我耐心教育她，并且让好学生"结对帮扶"，但效果不明显。更令我生气的是，课后她非常活跃，不但带领学生玩游，和我们班的男同学套近乎，而且在其他课上还顶撞老师，课堂上公开吃零食，不时起哄，和老师关系闹得很僵。其他任课教师不断向我打"小报告"，可她见到我总是笑盈盈的，弄得我发脾气也不是，不发脾气也不是。我转念一想：没有教不好的学生，只有不会教的老师，可能是我的教育方法不对头。我知道，转化"问题学生"需要调动一切积极因素，团结一切可团结的力量，相信他们，尊重他们，形成一定的教育合力，才能对症下药，有的放矢地进行有效的教育。作为班主任更要主动担负起教育转化的担子，要花上功夫，要有耐心。于是，我决定来一次家访。

一次语文综合测试，萌萌得了67分。于是，我抽空到她家。对于我的不速造访，萌萌显得很慌张，认为我一定是忍无可忍来告状了。我关切地问："作业做完了吗？"她胆怯地"嗯"了声。还好，这次作业完成了。我和她一起检查了作业，订正了错误。然后我告诉她爸爸，上星期萌萌和同学们主动打扫了操场东南角（不属于我们班的卫生区），受到了校长的表扬，还上了学校的每周光荣榜。我接着对萌萌说："虽然你这次语文综合测试只得了 67 分，但与你来时的 40 多分相比已有很大进步。你是一个非常聪明的孩子，如果在个人自制力上再注意些，相信下次你一定会考得更好，其他方面表现也会更优秀，对吗？"萌萌感激地朝我点点头。事前我了解到，她爸爸因为望女成凤心切，对她要求非常严格，爱拿她和其他同龄优秀孩子比较说事儿，总是说她这也不是那也不是，动辄加以棍棒打骂，使她产生了极度压抑心理和强烈的逆反心理。我希望她爸爸能给她创造一个较为宽松、自由的成长环境，充分尊重她的个人意愿，在学习、生活上帮助她改掉坏毛病。在我的劝说下，她爸爸很受启发，当即保证以后不再打骂孩子，做一个通情达理、进行说服教育的家长，同时感谢我帮他找到了一种新的教育孩子的方法。临走时，我问萌萌："老师和家长都对你充满了期望，你有信心吗？"萌萌坚定地点了点头。

一个月后，我校进行期中质量调研，萌萌的语文竟然取得了 83 分的好成绩。打铁要趁热，我根据她的个人情况，坚持小目标、常检查、抓反复、勤激励的原则，和她民主协商，科学制定了下阶段的发展目标：力争在期末测试中语文成绩达到 90 分以上，得到学校的奖状。一般来说，"问题学生"都和教师的感情比较疏远，而我坚持做萌萌的知心朋友，在生活和学习上给她更多的理解和信任，还让她担任我们班的语文小组长，安排学习成绩好的学生帮她。慢慢地，她与学生之间的感情越来越深，学习成绩逐渐上升。俗话说："擒贼先擒王，攻人先攻心。"做任何事都是如此。这次家访，让我和家长之间形成了教育合力。我坚持和她家长每星期沟通一次，让萌萌在迈向自信成功的路上越走越顺。期末，萌萌实现了目标，我亲自上门向其家长报喜。当我看到萌萌脸上的笑容时，我的心头也是一乐：天道酬勤，付出终有回报！

二、镜子效应：抓课堂，勤激励，养习惯，不断点燃学习热情

课堂是生命的家园和乐园，是让生命充盈着灵气、智慧、活力、激情的地方。教学的乐趣，潜藏在学生生命成长的幸福体验之中。"问题学生"之所以出现这样那样的问题，就是因为他们没有养成良好的学习习惯，在以往的学习（尤其是课堂学习）中没有享受到学习成功的乐趣。对于"问题学生"的帮扶，我们更应该关注他们在课堂上的表现，更应该帮助他们养成良好的学习习惯，抓反复，反复抓。课堂上教师的一言一行、一举一动都有可能对学生产生深刻的影响，因此，我争取各方面都做学生成长的一面镜子，彼此尊重，充分发挥"镜子效应"，做"问题学生"的表率。

教师的任务之一就是帮助学生学会学习。叶圣陶先生曾说过："教是为了不教。"在教学过程中，对于"问题学生"，我抓住他们"不会学习"的弱点，注重对其进行学法引领，让他们在自主学习、合作互动中碰撞思想。授生以渔，诱其钓鱼，这样，"问题学生"在不断"钓鱼"中享受到了学习的乐趣，学习热情高涨。课堂需要师生之间、生生之间知识汇聚、思维碰撞、思想交锋、情感融合，更需要学生们，尤其是"问题学生"的激情投入。

"在课堂上如何才能让学生钓到更大的'鱼'呢？"我自言自语，"对，就从'爬山虎为什么总是那么绿着'入手。""同学们，学习了《那片绿绿的爬山虎》，你觉得作者为什么写'爬山虎总是那么绿着'呢？"下面一阵骚动。"萌萌先发言。"我抓住她语文写作好、善动脑筋的特点，及时将了她一军。正在做小动作的她，一看全班同学都在看她，一激灵站了起来。"我……我认为作者写'爬山虎总是那么绿着'应该是……应

该是在叶老家交谈融洽,作者不但见到了和蔼可亲的大作家,还明白了作文和做人的道理,那次谈话给他留的印象太深了……"萌萌刚说完,全班响起了热烈的掌声。"那么,同学们,你们怎样理解呢?"接着萌萌的话题,我又把话题抛给了学生。

"老师,我说……"

"老师,我知道……"

同学们争着要说,我呢,静静地当观众,仿佛自己是一个无知的小孩子。就这样,在学生不断的想象、发言中,学生把"爬山虎总是那么绿着"的原因说得有理有据,也在不知不觉中理解了课文。课后,我布置的家庭作业——"最难忘的那次谈话",萌萌第一个交给我批改。看后,我大悦:很有见地,建议全班阅读。在口语交际课上,我让萌萌在全班朗读了她的"大作"。看到她那满足的表情,我又将了她一军:"我相信萌萌今后作文将会写得更好,大家想不想欣赏她以后的大作呢?""想!"班里又响起了热烈的掌声。我知道,适时的激励更能点燃"问题学生"的学习热情。以后的时间里,她对作文倾注了更多的心血,学习习惯也渐渐好了许多,老师们对她也满意了许多。

教育是一门激励的艺术。教师对学生的爱,一个笑容,一个眼神,一个动作,都有可能让学生铭刻在心;教师对学生的爱,应是一夜春雨,在潜移默化中使棵棵小树苗壮成长。不断的激励,可以化为他们前进的动力,让他们不断取得成功。当然,在此过程中,教师需要付出足够的耐心和爱心。我们育人要本着"有所为有所不为"的态度,要学会等待和抓住教育时机,用教育的"慢"过程代替教育的急功近利,用一个智慧的心灵去唤醒更多智慧的心灵。当收获时你会明白:进步,在一点一滴的教学过程中积攒;成绩,在一丝一毫的付出中收获。对于那些"问题学生",教师只要充分利用他们自身的优势,大胆放手,引导到位,改善他们的学习生态,认真呼唤他们潜在的向上向善的灵魂,好的学习习惯就会在他们身上慢慢地扎根发芽。

三、合作交流：把学习的主动权交给学生，树典型共同进步

一个学生，就是一个曲曲折折的教育故事；一篇课文，就是一段名震中外的历史；一个教育情境，就是帮扶学生不可或缺的一段刻骨铭心的经历。在育人过程中，我们要立足课堂，立足文本，不断拓展延伸，抓住班级的不同特点，培育班级合作文化，创设合作交流氛围，让学生在合作探究中交流感悟，把合作交流的育人功能发挥到极致。

为了让萌萌同学有更大的进步，第二学期一开始我就抓住她"人缘好、性格活泼"的闪光点进行放大，决定把她融入我们四（2）班这个大集体中去，加大她的学习习惯养成力度，让她学会合作交流，学会与他人分享。我充分发挥其"小组长"的作用，让她领着大家做好课前预习工作，并且安排她在课堂上进行预习成果展示。"假如你是一名亲历者，你会怎样解释你们对成群的幼龟做出的愚不可及的行为？请说出你的理由。"一上课，我就借助班班通利用视频充满激情地导入文本，引领学生回到文本之中。"各小组先在组内说一下，咱们一会儿找咱们的小组长上讲台给大家说，好不好？""好！"萌萌果真不负众望。"我觉得是'我和同伴'根本不理解幼龟和嘲鸫他们之间的'自然之道'，才造成这样的结果——愚不可及的行为。"接着她动情地读起文中最后一个自然段来。她的话音刚落，教室里响起一阵热烈的掌声。其他同学在她的带领下，都在争着解释为什么愚不可及，班里的合作交流声此起彼伏。"作为一名违背自然之道的亲历者，我会永远让镜头定格在幼龟被嘲鸫叼走的悲惨场面，它让我们感受到遵循自然之道是多么重要！"……看着侃侃而谈的同学们，我心里豁然开朗：看来"小老师"的作用还是不可低估的。这办法可行！对！在教育中也要遵循"自然之道"。

在以后的学习中，我尽量把课堂还给学生，尽量帮萌萌在全班带好头树好典型（有些课文她需要帮助才能理解）。在我和家长的合力教育

下，萌萌在我们班表现得越来越优秀了。不过，有时她还会给老师带来些"小插曲"。对于"问题学生"而言，习惯的养成不是一朝一夕的事。我们让学生自己去感受、去发现，使知识、智力、情感得到和谐发展，就应该让他们学会自主、合作、探究、交流。我们不要总是处在"我时代"里，以自我为中心画圆，要让学生真正走进"you时代"，把发展的主动权真真正正交给学生。教师要做的，就是持之以恒抓反复，反复抓，不断进行行为习惯矫正，最终实现培育健全人格的育人目的。在我和其他任课教师的不断提醒下，萌萌各方面都在进步，和刚来我们班时简直判若两人。她爸爸也经常跟我通话，除了感激之外，更多的是交流教育方法。经过一年的不懈努力，萌萌同学有了很大的改变，活泼开朗的她变得更有礼貌，在我们班成了学生学习的榜样，期末还被评上了"礼仪之星"。"问题学生"的发展空间就像一座乌金矿，关键看你采用怎样的方法去挖掘。只要方法对头，引导得当，肯定会事半功倍。

在改变萌萌的同时，我的育人经验也得到了极大丰富。我的体会是：在指导、帮扶学生时要"目中有人"，"心中有标"，对"问题学生"要做到有的放矢，量身定制针对性强的个性化帮扶计划。在班级管理中，我坚持以下原则：1. 创设一种情境，让学生去感受；2. 提出几点建议，使学生多思考；3. 摆出一些事实，使学生多争论；4. 留下一点时间，任学生去回味。我的做法是：合作交流加上教师引导到位，以典型带动整体发展，抓住他们的积极因素和"闪光点"，为"问题学生"在学习中创造成功的机会，给他们设定一个又一个可以达到的目标，使他们品尝到学习的乐趣，体会到成功的喜悦。不断积小胜为大胜，量的积累才能迎来质的变化。

中小学时期，学生各方面都处在发展阶段，学生的知识结构、思维能力、心理状态都像刚刚破土而出的幼芽一样，可能会遇到这样那样的生存环境，会出现这样那样的问题，需要教师用一颗爱心去呵护，需要教师以科学的教育方法，以春风化雨、润物无声的育人方式，去滋养学生的身心，使他们健康、和谐、全面地长成一棵参天大树。在尊重生命的教育中，学生的求知权利、学习权利、交往权利、受尊重的权利都应得到充分的发展。我坚信：在学生心灵上洒一束爱的阳光，学生在大爱阳光的沐浴下，定会折射出美丽的七彩画面。

教师的工作是塑造人类心灵。作为一名光荣的人民教师，要像春风一样对学生充满期待，等待花开的时节到来；像夏天般对学生的成长关注充满激情；如灿烂的秋天般对学生的点滴进步充满喜悦；如冬日暖阳般对学生的错误充满善意的严厉。在今后育人工作中，我们教师只要心中有学生，想学生之所想，从学习、生活、习惯、家庭等各方面去研究学生，找准学生"新的发展点"，把握好每一个转化的契机，平视学生，就能用真正的宽容与爱心去唤醒学生心中沉睡的心灵，实现其生命的价值。到那时，你自然会看到另一番"万花齐芳"的可喜画面！

（作者单位：登封市唐庄乡第一中心小学）

心中充满爱，为我爱的人

—— 我的几则育人小故事

申武松

"忘情水"的故事

每当听到著名歌手刘德华演唱的歌曲《忘情水》，我便不由得想起孩子所写的"忘情水"的故事……

敬爱的申老师，您好！我是您的学生梦瑶。记得在四年级的一节数学课上，我不太舒服，张老师便让我去找您请假。我当时在办公室门口转来转去，一方面想上课，一方面又确实不太舒服，最后下定决心走了进去。我进去后，您问我怎么了。我吞吞吐吐地回答："不太舒服，张老师让我来找您，可我还想上课。"您立即端着水杯站起来说："来，先拿着我的水杯喝点水，然后在教室里休息，还有什么不舒服再来找我。"我捧着水杯走出办公室，一股暖流传遍全身，因为这是我第一次用老师的水杯喝水啊。我担心水杯会被我打翻，所以小心翼翼地把水杯端进教室，放在了桌子上。喝了几口水，我觉得自己好了很多，一点儿也不难受，还非常开心。

下课后，我心里在想：老师的水杯是自己用的，难道他不怕我有病传染他吗？虽然杯子不新，虽然老师的语言、动作那么少，那么轻，但我感到了母亲般的温暖。老师常常说，谁有什么困难都可以来找老师，现在我发现老师说的是真的。难道您不怕学生会把病菌传染给您吗？该上课了，这节课是您的，我端着水杯在您走进教室的一刹那和同学们唱起了《忘情水》。其实像这样用过老师的水杯的何止我一人，一帆、晓雨等等同学都曾"享用过"。

老师念检查

我们班子潇同学曾经写过这样一篇作文：

在电视剧《快乐星球》里，小主人公乐乐有一次因犯错要写检查，可一向乖巧的他怎么也写不出来，于是就琢磨着长大后建一个"小学生检查搜索大全"网页。而在生活中，相信每个同学都有过写检查的经历，有时不仅要写，还要在全班同学面前念呢，那滋味真叫一个不好受。可你见过老师写检查吗？听到过老师对着全班同学念检查吗？我们的班主任申老师上次念检查的情景至今仍清晰地浮现在我的眼前，似乎就在昨天……

记得三年级上学期的某一天早上，准确说是周二，那一天第一节是我们最喜欢上的语文课，我们做好了课前准备，静静地等待着申老师。"丁零零……"上课铃声响了，往日一向早到的申老师却未出现在教室。科代表梦瑶同学站起来说："同学们，请大家先自己看书预习，我去办公室找老师。"不大一会儿她就返回了教室。"申老师呢？"一个男生问。"他，不在办公室，其他老师也没见他……"梦瑶有些泄气地说。就这样，大家在焦急中等待，在等待中焦急，说是预习，可心早已飞到了窗外。大约过了有20分钟吧，一个熟悉的身影出现在教室门口。"申老师来啦！申老师来啦！"几个眼尖的男生大喊起来。"当老师的还迟到！""罚老师抄课文!""不,罚老师写检查!""也许是老师有事才迟到了。"……一时说什么的都有。"同学们安静一下。"申老师面带歉意地挥了挥手,"同学们请看,这是我刚才在办公室里写的检查。"申老师举着手中的一张稿纸念了起来:"亲爱的同学们,我叫申武松,是三(5)班的班主任,因为家离学校比较远,早上骑电动车上班时没有仔细检查,走到半路时才发现车没电了,当时路上的修车铺没开门,我的手机也忘了充电,无法开机,所以没法向学校领导请假,只好推着车步行来学校……同学们,你们不要学我这种做事马虎、丢三落四的坏毛病。你们的时间很宝贵,我没有按时到校,耽误了你们的学习,在这里向大家道歉……"读着读着,申老师向我们深深鞠了一躬。顿时,同学们被这一举动镇住了——我们敬爱的申老师竟像小学生一样诚恳地做检查。"今后,我保证不迟到,有事提前请假,安排好代课……请大家监督我。""啪""啪啪",台下响起了雷鸣般的掌声。

从此,我们班很少有学生迟到,谁有了错都能如实向老师承认,向同学道歉。

后来我们得知,申老师那天迟到是因为帮助一名路上骑自行车撞到一个没有盖子的窨井而受伤的 74 中的学生。申老师做了好事不留名,还严格要求自己写检查做检讨。他是个品德高尚的人,是我们学习的榜样。

请不如访

班上有个叫世博的男生,调皮捣蛋,不讲卫生,不守纪律,作业常常完不成,实在令人头疼。我虽多次与其家长打电话、发信息交流沟通,但效果并不佳。后来听说其家长很难缠,就产生了"多一事不如少一事"的心态,谁知该生毫无收敛,竟在课堂上乱跑甚至睡觉!"请家长!"我给他下了死命令。

第二天，家长没来，第三天，家长仍没来……"不行，得让别的学生通知他家人。"之后却依然不见其家长到校，一打听才知道，世博根本不让同学去他家。我又给其母亲打电话。终于，他妈妈来了。一群学生一见到便纷纷围了上去。"阿姨，世博不写作业。""阿姨，世博上课睡觉。""阿姨，世博往地上扔东西。"……还没等我说上话，世博妈妈已消失在暮色中。

怎么办？放弃？继续打电话？还是……静下心来，我来了个换位思考：假如我是世博，假如我是他的妈妈，我肯定需要尊重，需要理解。于是在一天中午放学后我随世博来到了他家。一上楼，他父母正在做午饭，对老师的到来显得手足无措。我心平气和地把世博各方面的表现进行了汇报，又重点讲了他的一些优点。此时，我发现其父母脸上洋溢着兴奋与自豪。"申老师，我家孩子真的有优点吗？""有，多着呢！"我趁机又举了几个小例子。"留下来吃饭吧，申老师。世博他妈，去买几个菜来。"他父亲的态度来了个一百八十度大转弯。"不了。等世博进步了，我再来。"我愉快地与其父约定。

最后，其父母表明了态度："我们管孩子管得少，他懒散惯了。我们也没有跟学校和老师好好配合，是我们不对。今后我们一定……""不用说了，让我们一起努力来帮助孩子。"我打断了他们的话。他们能有这样的认识真的很让人感动。

下楼后我在想，也许"问题孩子"的家长都怕丢人，都爱面子，都希望自己孩子的问题能在家里解决。看来，请家长来校不如访家长到家啊。

学校里的"父亲"

"静静的深夜群星在闪耀，老师的房间彻夜明亮。每当我轻轻走过您窗前，明亮的灯光照耀我心房。啊，每当想起您，敬爱的好老师……"

歌词写得多好啊。一听到这首歌我就想起了敬爱的申老师。申老师对我无微不至地关怀，就像我的父亲那样疼爱我。其中，有几件事特别让我感动。

记得三年级有一次在申老师的课上我起来发言，正要坐下的时候，后边的同学把我的凳子移开了，我扑通一声坐在了地上，头磕在了板凳上。申老师二话没说安排别的老师上课，连忙带着我去医院。到了中午，申老师仍守在医院，可申老师的家离医院有十多里路，并且那时申老师的孩子还在学校等着他。

申老师在生活中处处照顾我的事还有很多很多。

有一次学校组织看电影，要交3块钱，当时妈妈为了节约开支不让我看。等申老师让同学们交费用的时候，只有我没有交，申老师问我为什么不交。我吞吞吐吐地说我妈妈不让我看。申老师似乎明白了我的心事，自己从钱包里掏出了3块钱。申老师您说，这么深的情谊，我怎能忘怀？

安楠小朋友则在作文中这样写道：

尊敬的申老师，您好！请您在百忙之中接受我小小的请求，我想去您家看看，看看您究竟是怎么安排时间的，为什么您总有那么多时间陪我们，难道您是超人吗？早上五点多，您的信息就来了，不是提醒起床，就是提醒在家吃好早饭。天刚亮我去学校练足球，每次准能最先碰到您。离上课还有一段时间，您可以在家多休息一会儿，可您总是早早来到教室，打开窗户，通风换气，检查卫生，亲自打扫，然后到办公室打扫卫生、倒垃圾，接下来就是安排早读。您总对我们说："别小看这短短的20分钟早读，这可是一天中的黄金时段，记忆力最好，所以要充分利用。"可是，您的黄金时段却总用来陪伴着我们。

中午刚吃过午饭，您的短信就来了，要么提醒下午带什么书，要么就是提醒中午要睡午觉，或者是别的需要提醒到的。虽然说是各自回家，但总感觉您还在身边，如果哪天没收到您的短信，心里就感觉少了什么似的。妈妈总说，申老师比我们父母还要尽责，可您总说那是您应该做的。

晚上，眼看路上的行人越来越少，您才匆匆忙忙拖着疲惫的身体离开学校。您的心里装着我们班的每一个同学，谁今天进步了，谁今天退步了，谁该请家长谈话了，因为您总说多与家长交流才能全面了解孩子的情况。其实您也有家，也有孩子，您爱我们胜过爱他。

这就是您的一天，也是您一年的缩影，这样的日子如此平凡、琐碎，可您日复一日，年复一年，却觉得很充实。在我们心里，在学校，申老师更像一个父亲。申老师，我们爱您，我们也会像您一样心中充满爱，怀着感恩的心去回报社会。

妈妈来到我学校

4月15日是个星期天，88岁高龄的老妈妈坐着我的电动车来到了美丽的大学路小学。她老人家早就听我讲起过我们学校的情况。领导无微不至的关怀、同事无私的帮助、家长热情的支持、孩子们无邪的生活、美丽洁净的校园、宽阔舒适的操场、勤苑、致远楼、后花园、菜园、果园、绿荫小道……这些都给她留下了亲切难忘的美好印象。今天，妈妈终于来到了孩子工作、生活而又充满温情的单位，一进门就直奔光荣榜。"孩子，这上边咋没有你呢？""妈妈，这上边是我们学校最优秀的老师，他们工作踏实积极，关心学生，乐于助人，创新进取，深得师生爱戴，他们是我学习的榜样。和他们比，我做得还不够。不过，请您放心，明年我一定用行动把照片挂上去。"远在外地的张校长特意安排学校其他领导接待我妈妈。学校的贾主任搀扶着我妈妈在校园、操场、阶梯教室、办公室、教室、功能室、阳光同乐苑等等地方参观，妈妈的脸像花丛中盛开的花朵，眼睛眯成了一条线。来到果园，妈妈指着正在挂果的樱桃树动情地对贾主任说："等樱桃熟了，让儿子摘几个带回去让我尝尝行吗？""我亲自给您送去。"贾主任爽快地答应下来。笑声在美丽的大学路小学上空回荡……

既然选择了这份自己挚爱的职业，我将永不后悔。我愿做一个永远不知疲倦的摆渡者，把一批又一批的学子小心地接上船且安全顺利地送达彼岸，日复一日，年复一年，重复着相同的动作，不为名利，不计报酬，哪怕只有彼岸一声短短的问候、一个简单的挥手，我也会心满意足。

（作者单位：郑州市二七区大学路小学）

孩子，扬起你的笑脸

马林燕

九月，金秋的来临；九月，丰收的季节；九月，一个美好的开始。就在这个美丽的九月，我来到了银河路小学，开始了我的教师生涯。走进这个美丽的校园，看到一群可爱的孩子，我的思绪慢慢地回到了去年的这个秋天。

去年的这个时候，我结束了在大学里的理论知识课，开始了实习。我被学校分配到新乡市一中实习。还记得当时我的心情是既兴奋又忐忑，我不知道自己能不能受到学生的欢迎，毕竟我是个新手，在校只是学习了一些管理班级的理论知识，凡事都得靠实践，"纸上得来终觉浅，绝知此事要躬行"，我知道自己的压力很大。我进的班是初二，总体来看，这个班的学生还都挺听话的，上课秩序很好，不过我发现了一个问题：学生们学习兴趣不是很高，课堂气氛不是很活跃，尤其坐在最后一排的他——永航。我从没有见他上课时抬起过头，可是课后作业却做得非常工整，有些题目的做法特别独到。一时之间，我对这个孩子感兴趣了，心中顿时有了个念头：我要让这个孩子扬起笑脸，让他参与课堂，彰显阳光少年应有的个性。

这天，我在讲新课，转身的时候专门看了看永航。还是和往常一样，他低着头，手也不知道在下边干什么。我停止了讲课，把目光投向了永航，教室顿时安静了下来。奇怪的是，永航竟一点儿反应也没有，头还是低着。我走到他座位旁，敲了敲桌子，他马上把头抬起来，手也放到桌上去了。"永航，你愿不愿意来讲台上给大家讲讲这道题？"我用期待的眼光看着永航，心里直打鼓，万一他不愿意，我该怎么办？果然不出我所料，他把头埋得更低了，我只好走回讲台接着讲课……下课的时候，我把永航叫到办公室，等了好一会儿他才过来。"永航，那道题你会做是吧？"他点了点头，我接着说，"而且你的方法还和我的不一样，你有一个更简单的计算方法，老师说得对吧？"他好像很诧异我为什么会这样说。我笑了笑，轻轻拍拍他的肩膀，"老师看过你的作业，你的计算方法既简单又新颖，从这儿就能看出你是一个特别聪明的孩子，可是我却只能看到你的作业，从没有见过你的笑脸。我希望下节课能看到，你觉得可以吗？"永航看了看我，马上又把头低下了，半天也没再吭声。我还是没有放弃，摸摸他的头，"别害怕，男子汉，自信点，这不难的，老师相信永航一定可以的。"我在他的肩膀上重重地拍了两下，然后就让他回教室了。下午有一节数学课，我不时望向永航，刚开始，他还是低着头，后来终于有几次碰上了我的目光，我赶紧打住，"好，下面这道题，我想请我们班的永航同学来给大家讲讲，我们用掌声热烈欢迎他，好吗？"教室里顿时掌声一片。估计还是出于害怕，永航没有站起来，我也不着急，接着说："看来，我们的掌声不够热烈，我们再来一次，好吗？"终于，永航在一片掌声中走上了讲台，他还是有点儿紧张，声音也不是很大，但讲着讲着，他的思路好像打开了，声音慢慢提高了几分贝，而且讲得特别清楚。讲完之后，我带头鼓掌，随后又是一片掌声，我终于看见永航笑了，是发自内心的高兴。

　　以后的课堂上，永航变得特别主动，不用我点名字，他会自己到讲台前给同学讲题。不知是在永航的带动下，还是别的什么原因，我们班的孩子一下子变得活跃起来，上课气氛比以前好多了。小组讨论时，大家都是积极参与，踊跃发言，这让我感到特别欣慰。不单单是数学课，其他学科老师也是赞不绝口：学生们思维活跃，见解独到，上课特别轻松，真是一群有灵气的孩子。课下，同学们还在班级里搞了个数学学习兴趣小组，几个学生聚在一起，研究一道题目的多种解法，永航主动提出自己担任组长。比起从前，永航多了笑容，有了自信，课上不再把头埋在桌洞里了……很快，期末考试到了，永航考了全班第一，在讲评卷子的时候，我让永航来给大家评讲，他已经俨然像个小老师了，讲得头头是道。

　　寒假很快就到了，我的实习也结束了，临走的时候，我收到了永航给我写的一封信，信上有这么一句话："马老师，谢谢你，你就像大姐姐一样，给了我勇气。我承认我一直是个胆小的孩子，虽然我都会，但是我害怕发言，害怕老师。上小学二年级时，一次上数学课，我回答问题很紧张，老师狠狠地批评了我，从此以后，我就害怕发言，慢慢地也不喜欢上课抬头了……但是你，鼓励我，让我又找回了自信，我真的很谢谢老师！"话语很朴实，但却让人很感动。"学高为师，身正为范。"教师，一个简单的称谓，却担负着太多的责任，我们不仅是在教孩子们知识，更是在帮助他们成长，让他们在学习的道路上成为一个个有灵魂、有活力、有想法的学生。也许，他们有的很顽皮，有的很自卑，有的让你自豪，有的却让你头疼不已，但是每个孩子都是等待雨露的幼苗，他们需要我们的呵护，因此，在教育道路上，我们要有更多的耐心、细心和爱心，让每个孩子都能茁壮成长。

（作者单位：郑州市金水区银河路小学）

做一个播撒阳光的人

刘丽珂

天突然阴了下来，刚才还是阳光灿烂，顷刻间便布满了浓浓的乌云，办公室里一片漆黑。在窗前看书，很费眼力，于是我放下笔和书，向窗外望去。学生们仍然坐在教室中有条不紊地学习。

一阵大风刮来，树枝被狠命地摇曳着，发出咯吱咯吱的响声，似乎随时都会脱离树干，被甩向远方。乌云笼罩着天空，眼前一片昏暗，只在闪电时才有一线亮光，扫去昏暗带来的沉闷。闪电以后，是隆隆的雷声，那雷声好像从头上滚过，然后重重地一响，炸了开来，好吓人。班级里的几个"小调皮"已经按捺不住好奇，频频地往窗外观看。骤然间，雨点落了下来，视野中的楼房和树木，隐入茫茫的雨色中。

下课铃响，学生们迫不及待地走出教室，观看密密的雨帘。这时，文静走过来跟我说："云飞捡到了五元钱，不交给班长，还说'上交的钱说不定老师都花了，还不如我自己花呢'。"我说："不会的，他可能是故意跟你说着玩的，你让他来找我一下。"

一会儿，云飞来了，我问他："文静说你捡到五元钱，不愿意上交，是真的吗？"我以为他会否认，我也好顺水推舟，对他进行肯定，从而结束这件不起眼的小事儿。然而，让我没想到的是，他竟然毫不避讳地承认了，我不得不重视这件事背后的问题。我平静地说："你很诚实，敢于大胆承认自己说的话。可是，你为什么会这样想呢？"他说同学们上交的钱很少能找到失主的，所以认为找不到失主的钱最终可能是被老师花掉了。

对于这一想法，我觉得学校和老师都有责任。的确，我们很少，甚至从来都没有告诉过学生捡到的钱物是如何处理的。我告诉他："同学们捡到的钱交给班长，由班长直接交给学校大队部，并在专用记录本上记下哪个班何时上交钱物的数量，然后，在每年的助残助学捐献活动中，集中捐助。所以，任何老师都没有花这些钱。"

我注视着他说："我看得出你很正直，很有自己的思想，你也应该是一个敢于伸张正义的人。"他绷紧双唇，坚定地点了点头。我继续说："什么是正义？别人放火，我们救火；别人砍树，我们造林；别人扔垃圾，我们捡垃圾；别人做坏事，我们做好事。这才是正直的人的正义的表现，你说对吗？"他又坚定地点点头。"如果，别人放火，我们添柴；别人砍树，我们伐木；别人扔垃圾，我们丢废物；别人做坏事，我们也不做好事。你觉得我们还是正直的人吗？我们还是有正义的人吗？我们还有资格去指责别人吗？"他狠劲地摇了摇头。"我希望你是一个播撒阳光的人，我也相信你会懂得怎么做才是最好。"

至此，他终于开口了，说："老师，我错了，一会儿我就把钱交给班长。我也知道以后我该怎么做了，谢谢老师！"他走了，我稍微松了口气。约半小时后，雨停了，云散了，太阳重新散发出光芒，树和楼似乎没什么两样，只是与雨前不同，眼前一片清新。真希望云飞能成为一个播撒阳光的人！

（作者单位：郑州市二七区佛岗小学）

你是一匹千里马

苏松黎

每个学生都是一座宝藏，而教师就是发掘宝藏的人；每个学生都是含苞的花蕾，而教师就是辛勤的园丁；每个学生都是千里马，而教师就是那独具慧眼的伯乐。

——题记

"老师，小旭又捣乱了，他一直在教室里大声喧哗！"

课前，值日班长走进办公室，紧皱双眉向我诉说小旭的"罪状"。

腾的一下，一股无名火直冲脑门，如果戴着帽子的话，相信此刻的我一定会"怒发冲冠"。这小旭，今天已经好几次被值日班长报告了，这次居然在办公室被"告状"。

我怒气冲冲地走向教室。

"你就管男生，咋不管女生呢？"

还没进教室，小旭的声音已经飘入我的耳朵，这声音对我来讲，无异于火上浇油。

"小旭，你在干什么！"一声怒吼，我的声音把自己都吓了一跳。

我愤怒的吼声和厉害的眼神，令小旭惭愧地低下了头。接下来，一顿劈头盖脸的批评雨点般袭向小旭，根本没给他辩解的机会。

后来我了解到，这次事件的起因仅仅是小旭课前练字时说话了。我不禁为自己粗暴的教育方式感到惭愧。

　　静下心来想想，小旭这孩子其实挺上进的：每天按时完成作业，认真练字，背诵课文特别快，每次教室里的空瓶子都是他主动去卖。但他最大的缺点就是过于活跃，自控能力太差。

　　放学后我在五（3）班教室和几位同事交谈，一声清脆的"报告"，小旭满头大汗地走进来，手里拿着卖瓶子的16元钱，大声说："老师，给！"五（3）班的老师问他能否把他们班的瓶子也卖了，小旭二话不说，直奔教室后面放瓶子的地方。几分钟后，一袋瓶子又换回了十几元钱。

　　小旭干脆利索地完成了任务，真是个做事麻利的孩子，自豪感悄然涌上我的心头。

　　五（3）班老师要请大家吃冰激凌，也包括小旭。我身体不舒服，不能吃冷饮。（小旭不知道这情况。）他们每人一个冰激凌吃着，我坐在旁边看书。小旭一声不响地走出教室，过了一会儿，他把一个冰激凌塞到我手里就跑开了，边跑边说："老师你吃啊！"

　　我的小旭，他是看到别人都在吃冰激凌而我闲坐一旁，赶紧用自己的钱为我买来了一个。这看似很小的一件事，却折射出孩子纯真的天性和美好的心灵，一个冰激凌，让我感受到了学生对老师的挚爱！

　　想想下午对小旭的态度，此刻的感动中又一次涌起了几分惭愧。

　　我必须得承认，有时孩子所犯的错误其实很小，也许只需要一句提醒他们就改正了，但由于当着其他老师的面，这错误就被放大了若干倍。原因何在？正是这不该背负的思想包袱——面子。

　　少思考面子的事情，多一些耐心指导，让爱的教育时时做到"润物细无声"，这将是我今后倍加努力的方向。

　　有时候，生活带给我的，并不都是大风大浪中傲立潮头，也不全是策马扬鞭时放声高歌。生活，往往在细微之处、点滴之间，带给我出乎意料的感动。

　　　　　　　　　　　　　　　（作者单位：郑州市惠济区江山路第一小学）

孩子，你的择友标准是什么

何小香

孩子们总算考完试了，又一个学期即将画上句号。正当我在忙于给孩子们写评语时，突然听到了 QQ 的消息提示音。打开一看，原来是我们班冰冰的妈妈。

冰冰妈："何老师，在吗？不好意思，打扰您了。我想跟您探讨一个问题。您觉得成绩很重要吗？"

冰冰这次的成绩的确有点出乎意料，看到家长这样问，我赶忙放下手中的工作，真诚地回复了家长。

我："成绩很重要，但不是最重要的，我更看重的是孩子平时的表现。"

冰冰妈："我也不认为成绩是最重要的，但是如果因为没考好而遭到同学的排挤，该怎么办呢？"

我："这到底是怎么回事？"

冰冰妈："这次考试冰冰没有考好，一向跟她形影不离的小果竟然不跟冰冰玩了，而且还不让其他的孩子跟冰冰玩。冰冰回来很难过，一直很沮丧。作为家长我也很苦恼，希望能得到您的帮助！"

听到家长的诉说，我很吃惊。因为冰冰和小果是我们班公认的一对形影不离的好朋友，平时亲如姐妹，两个人都很优秀，不光各科成绩优异，而且都能歌善舞，写得一手漂亮的钢笔字，是人见人爱的好学生，因为一次考试成绩而发生这样的事实在让我难以置信。作为班主任，我不仅希望孩子们能考取优异的成绩，更希望每一个孩子都能快乐地成长。我知道我必须尽快以一种恰当的方式解决这件事。

到了领成绩单的那天，一进教室，孩子们就整齐地坐在教室，都很期待老师念到自己的成绩。于是，我满足了他们的好奇心，一一念了成绩。看到孩子们不同的表情，我知道他们和家长一样都很在意这每学期最重要的一次考试成绩。

"孩子们，每一次考试都有人欢喜有人忧。尽管老师比你们更希望大家都能考取一个优异的成绩，但是我们班有 55 位同学，学习成绩参差不齐，这也很正常。大家不但要正视自己的成绩，也要正视他人的成绩。今天，我们暂且不谈成绩，老师想跟你们探讨另一个话题：'朋友是我们生活中不可或缺的重要角色，请大家都认真地想一想，你的择友标准是什么？你觉得什么样的人能成为你的朋友呢？'"

霎时间，教室里鸦雀无声，对于我提出的这一问题，孩子们都在认真地思考着。我专注地看着每一个孩子的表情，当我的目光定格在小果脸上时，我清晰地看到她的头低下了，脸略微有点儿红。我想此时的她应该已经意识到了这个话题与自己有关吧。再看看其他同学，似乎他们心中都有了自己的答案。于是，我请了几位同学说说自己的择友标准。

首先发言的是班长康颖："我觉得只要能真诚地对待他人，有一颗善良的心就可以成为我的朋友。"对于她的回答，孩子们给予了肯定的目光及热烈的掌声。接着，是元彤同学的发言："我觉得只要他品德好，能热心助人，我就愿意和他成为朋友。"还有几位同学也纷纷说出自己的见解："我的择友标准是，要和我有共同的爱好，能一起学习，一起玩。"

"大家都有自己的择友标准，答案虽层出不穷，但说的也都有一番道理。小果是我们班多才多艺、成绩又优秀的一位同学，让我们来听听她的择友标准。"我的话音刚落，就听到了大家雷鸣般的掌声，很显然，大家都很期待她的回答。

此时，小果慢吞吞地站了起来，她不敢直视我的眼睛，语无伦次地说："我觉得只要真诚对待我，就可以成为我的朋友。"

"昨天下午我得知我们班有一位同学，因为自己的好朋友这次考试没考好就不跟她玩了，你觉得这种做法好不好？"我继续追问她。

她眼睛里闪出了泪花，小声地说："这样做不对。"看到她已经意识到了自己的错误，我也就没再继续为难她，让她坐下了。

"孩子们，朋友是我们人生中的一笔宝贵财富。每个人都有自己的择友标准。考试成绩只是对你学习情况的一种检测方式，绝不是你交友的标准。我希望大家都能正视自己和他人，珍惜你身边的每一位朋友。"说完，我看到很多孩子点头示意，我想孩子们应该也明白了我与大家探讨关于择友标准这一话题的初衷。但我更希望看到的是，小果能真正认识到自己的错误，跟曾经的好朋友重归于好。

散学典礼结束，我像往常一样送孩子们出了校门，跟孩子们说完再见，看着他们安全地过了马路才回到办公室。刚坐下不久，突然听到有人打报告，我随即喊了声"请进"。一抬头便看到小果拉着冰冰的手一脸悔意地向我走来，我想她应该是向我承认错误来了。

"何老师，对不起，我知道错了。我已经向冰冰道过歉了，以后我绝对不会再以成绩为标准来交朋友了，我跟冰冰以后还是形影不离的好朋友，我们会互相学习，互相帮助的。谢谢您今天没有在大家面前批评我。"

看到两个孩子拉着小手走出办公室的背影，我感到很欣慰。

（作者单位：郑州市中原区绿都城小学）

每朵花都很美

刘 慧

回顾十几年教学历程，虽然也有挫折的烦恼、失意的迷茫，但更多的是成功的喜悦。还记得我刚被分配到郑州市惠济区一个偏远小镇做教师时，那里相对落后的条件，现实与梦想的距离让我郁闷至极。庆幸的是，淳朴天真的孩子，润泽了我的生活，让我在心理调整中不断修正自己的人生目标——成为学生的福音，让彼此因遇见而幸福。

那年的冬夜，七年级的住宿生照常在教室上晚自习，而我没有辅导课时，也习惯了在办公室用煤炉熬玉米糁汤给一些喜欢喝粥的学生，这样"取暖、改作业、熬粥、打发时间"，一举四得，现在想想真是太幸福了。第一节下课后，喜欢和我聊天的同学就端着饭缸来搭讪了。猛一抬头，我看见班里那个外形肥胖、性格内向的女孩——小婧，独自徘徊在办公室的门外，想进又不敢进来，那样子分明是在躲避别人的目光。这时我放下手中的勺子，快速地找到了她的周记本。简单的作业本，白纸黑字，无一点儿装饰。文章写的都是她的学习生活，词藻并不华丽，但感情真挚。我转身对那几个孩子说："几位，有时间读读这篇周记，写的是真实的人和事，但写出了真情实感，很难得。"孩子们被吸引了过来，认真地读着，不时发出几声赞叹。这时，小婧像听到了我喊她的名字一样，忽地来到了我的身边，目光清澈如水。

第二天，我注意到她容光焕发、神采奕奕，好像从头到脚换了个人似的。她昂着头，目光紧紧追随着老师，就像向日葵执着地追随着太阳。她上课发言特别踊跃，思维也非常敏捷。下课铃响了，她仍意犹未尽，兴致勃勃。后来，她好像是一株冲破巨石破土而出的嫩芽，又像是沉睡多时突然被春风唤醒的小树，贪婪而又不知疲倦地汲取知识的营养。老师们都惊诧于她的变化，只有我明白，丑陋的毛毛虫正拼命积蓄力量，终有一天她会破茧成蝶。

一天，我收到她用作业纸写的短信："老师，我一直是自卑的丑小鸭，从来都是。直到那天，我才发现，原来自己也能变成美丽的白天鹅。我相信，只要努力，没有什么能阻挡我前进的步伐。敬爱的老师，我是，您一定也是。"

"我是，您一定也是！"这句话反复在我耳边萦绕，一遍又一遍。原本我只是出于一点小小的善意，不忍看她太过落寞，没想到竟给她带来那么大的转变。

我猛然发现了这份职业的魅力。灌溉的对象，也许是微不足道的小花，也许是娇艳夺目的玫瑰。不管怎样，我都会用爱的眼光来看待她，用尊重的心态来保护她，给她更多美丽的梦。于是，我振作了起来，不再抱怨，不再蹉跎，彻底告别了郁闷的日子。

每朵花都很美！爱，润泽了学生，也浇灌了自己！

（作者单位：郑州市金水区东风路小学）

满怀春风化细雨　润物无声育桃李

冯　灵

作为一名教师，我深深地懂得，唯有爱，才有真正的教育，唯有理解，才有真正的教育。一个师德高尚的教师，不是要懂得如何滔滔不绝地讲述师德理论，而是要懂得如何在实践中走进学生的心灵，理解学生，让一条条刻板教育信条化成千丝万缕的春雨，无声地滋润学生的心田。

回顾和学生相处的这些年，历历往事涌上心头。

校服风波

那是我第一次教一年级，开学不久，我对孩子们的情况都还不太了解。一天发校服，我们班 52 位学生，我领了 52 套衣服，由于当时部分学生不在班里，只发了一半。可是第二天发完后，却发现少了一套。我在班里反复问有没有人领走了两套衣服，都没有人回应。

我一边焦头烂额地在办公室里找，一边让学生挨个去办公室试衣服，不合适的调换号码。一位女生试衣服时，无意中说了一句，"我家里还有一套，和这个一模一样。"

"什么？"我仿佛一个侦探家终于发现了破案的线索，"你说你家里还有一套这样的衣服？"

"是啊，老师。"

"那我在班上问有没有人领走两套你为什么不说？"我因生气而提高了嗓门。

"老师，我是昨天回家才发现的。我一开始领走了一套，第二天你发衣服时又叫了我的名字，又发给我一套，我就拿走了。"她很平静地回答，似乎什么事都没发生。

"第一天的那套衣服是我念你名字发给你的吗？"

"不是。你让我去帮忙发衣服，然后问了一句'谁是 L 号的'，我正好看见有一套 L 号的，以为你让我们自己拿走呢，就拿走了一套。"

"那老师之后在班里问，你为什么不告诉老师？"我更加生气地问她，她却低着头一言不发。一番询问之后，我确定是她领走了两套校服，心里的焦急和生气无法言喻。当时的我拿出手机，打算立刻打电话向她的妈妈报告这件事，但一个念头忽然闪过，她还那么小，应该是无意拿走的，如果告诉她的家人，家人会怎么想？正是这一瞬间的念头让我静了下来，我让她先回教室。冷静了一会儿，我打算先了解一下她家里的情况。

原来她是被离了婚的妈妈抛弃又回到爸爸和继母身边的，继母有自己的孩子，对她疏于照顾，她就由爷爷来照顾。爷爷是个酒鬼，平时动不动就打她。她从小缺乏父母的关爱，有的只是纵容和暴力的惩罚。想起她平时的活泼开朗，我忽然觉得，能在这样的家庭里长成这样的性格，而不是孤僻自卑，已经很不错了。

了解了这一切，我万分庆幸自己没有在冲动之下给她的家长打电话，这个电话打过去，恐怕她又要遭到爷爷的一顿毒打了。第二天，孩子依然仰着粉嘟嘟的笑脸和我打招呼，她也许已经忘了昨天的事情，然而，这一切却会深深地印在我的脑子里，也许这一生，都不会忘记。

我与学生的距离

之前带过一个六年级的班，一开始，学生对我客客气气，好像刻意和我保持距离，并没有真正接受我。我开始反思、寻找，思来想去，觉得问题出在自己身上。一定是我对他们太过严厉了。

记得接那个班之前，有老师对我这样说："这个班之前的老师管得太松了，所以他们纪律涣散，成绩跟不上，你一定要对他们严厉点，别和学生走得太近，得让学生怕你又尊敬你。"可是怎么让学生怕我？难道是天天绷着脸进班，看见学生不听话就吼吗？于是，我开始和大多数老师一样，在学生面前端着架子，看见学生违反纪律就严厉批评。学生似乎真的有点儿怕我了。可是，我明显地感觉到了他们的不友好，甚至敌意。当他们听话地点头，听话地说"好"的时候，我分明看到了他们眼中藏着的不乐意。在校外看见我，他们不像之前的学生一样和我热情地打招呼，而是假装没有看见，或是远远地躲开。

学生这样的举动让我痛心，我想他们心里一定是恨我的，做老师做到学生不喜欢你，进而影响到不喜欢你的课，那是多么可悲的一件事啊！

意识到问题之后，我开始真正去了解学生，与学生单独谈话，和家长沟通，学生犯了小错误，不直接批评，而是先问原因。我开始带着欣赏的目光看学生，开始关注他们的每一点细微的进步，并积极地表扬他们。学生作业写得好，我表扬；课堂发言积极，我表扬；卫生打扫得好，我表扬；画画画得好，我表扬；捡到东西上交，我表扬。

一段时间下来，学生见到我开始主动打招呼了，面对我时，脸上的微笑多了，课间活动，也主动围上来和我说话了。我明显感觉到了他们的友好，他们开始真正接纳我了。原来最好的管理办法不是严格的纪律，而是一颗爱学生的心。

一次寻常的举动

　　还记得去年带的一个班里，一个大家眼中的"差生"，作业书写不工整，甚至不按时上交，上课睡觉，下课带领一群学生疯玩。我曾经静静地观察他很久，发现他在老师面前很腼腆，面对老师的批评也很虚心地接受。另外，在他身后有五六个男孩如同小跟班一样跟着他，形影不离，班干部曾和我说过，他是那一群人的老大，只要管住他，别人就都听话了。我开始特别"照顾"他，每一次都苦口婆心，由家人的苦心说到他自己的未来，但却收效甚微，他还是老样子。

　　可到后来，忽然有一段时间，我发现他似乎变了，上课不睡觉了，作业也按时交了。我非常欣喜，却也很纳闷这背后的原因。直到有一次，一个全年级的作文比赛，让我看到了其中的秘密。大概他认为作文是直接上交到局里的，我看不到，所以才会写出来。

　　他在文章中写了一件令他感动的事。那是两周前的一次运动会，因为我要写关于现场加油鼓劲的报道，就跟着运动员们一同去外校参加了运动会。那天天气很热，坐在高高的观看台上，人都被晒得汗流浃背，但一旦有本校的队员比赛，我就站起来呐喊加油。那位学生参加的是男子1200米，他上场后，我一直扶着栏杆大声呐喊为他加油。

　　就是这声"加油"，被他听见了，就是这个小小的举动，被他看在了眼里。他在作文中写道："老师顶着毒辣的太阳，大声地喊我的名字，喊着'加油'。我看到了老师脸上的汗水。天那么热，老师不顾太阳晒，为我加油助威，这一幕，我会永远记在心里。回到学校后，我告诉自己，再也不能惹老师生气了。"

　　看到这一段文字，泪水不觉湿润了眼眶。难道只是因为这一个小小的举动？难道这比我无数次的苦口婆心都更能触碰他的心灵？孩子啊，老师是不是为你付出的太少了，仅仅一个再寻常不过的举动就让你记在了心里。老师应该向你说声对不起，为你付出的还太少。

信任的力量

还有一位学生，平时很沉默也很听话。

那时已经下午放学了，他留下来值日，从拖把池洗拖把回来后，一位低年级的学生跑来告他的状："老师，你们班的这个学生在卫生间用拖把打我，还甩我一身水。"我把班里那位学生叫来，没有立即责怪，细细询问了过程，用温和的语气问他："你告诉老师，你是故意的吗？"他回答："不是。""那就行。那老师问你，你不小心碰到了别人，应该怎么做？""说对不起。""那你对人家说了吗？""没有。""那你去试着说声对不起，看人家肯不肯原谅你吧。"

他转身离开，不一会儿带着低年级的那位学生一块儿回来了，脸上带着些许轻松，"老师，我已经说过对不起了。"低年级的那位同学也说道："老师，我原谅他了，他也不是故意的。"我笑了笑，说："好，回去吧。"转身离开。

没想到几天后，他在作文中记下了这件事："我没想到老师会不批评我，我以为老师肯定说我欺负低年级的同学，狠狠地训斥我。真没想到老师那么信任我，只是让我说了一句对不起。我真想对老师说，谢谢您的信任，谢谢您！"

看到这篇作文，我更加肯定地意识到，原来不是学生不喜欢我们，他们只是被我们程式化的教育给吓到了，他们眼中的老师上课教他们知识，下课板着脸，一旦他们犯了错误，就狠狠地批评。在他们眼中，我们就是派去"管"他们的，似乎是敌对方。只要我们稍微转变，对他们付出一点点真切的关心、真诚的理解、真诚的帮助，他们就会真心喜欢我们，接受我们。我们的每一个举动，学生都看在眼里，记在心里。

春风化雨，润物无声。做好教师的工作，不用绞尽脑汁地想，只要满怀春风去做，相信，你我都能做到。

（作者单位：郑州市经开区外国语小学）

让小草和鲜花一起成长

崔会巧

记得我刚教学的第二年，有一次课间下课，"傻瓜、笨蛋……"，教室里忽然传来一阵刺耳的喊叫，我循声走去。这时声音戛然而止，几个学生瞅瞅我立刻就坐好了。"这是怎么回事？"我问道。"老师，佩佩连这道题都不会，这样的题我看一眼就知道结果了，真——"我瞪了小琪一眼，他马上收住了后面的话。再看佩佩，她低着头，面带愧容，几乎要哭出来了。我连忙说："同学有困难，我们应该帮助她，而不能嘲笑她，对吗？来，大家一起帮她算一算吧。"接下来，佩佩更是一脸茫然，注意力也更不集中了。难道是那几句话刺伤了她？课后，在我的劝导下，她如实告诉我："老师，我也想学习好，像好学生一样受表扬，为爸爸妈妈争光，我不是笨蛋、傻瓜……"她强烈的自尊心被深深地挫伤了，说着说着，大声哭起来。"相信老师，我会帮助你的。"我说。怎样为她找回自信呢？在与美术老师的交谈中，我了解到她喜欢自己做一些小手工，缝沙包、剪窗花之类的。我问她："佩佩，听说你很会剪窗花，你看，下周我们就要开元旦联欢会了，你能拿出你的绝活儿把教室布置得漂漂亮亮的吗？"她欣然答应。佩佩用自己灵巧的手剪出的各式各样的窗花一贴到玻璃上，就引来一群人的围观。"真漂亮啊！"同学们情不自禁地称赞道。"这么漂亮的窗花是谁的巧手剪出来的啊?"我趁机追问。"佩佩。"同学们异口同声地回答。"那她棒不棒?""很棒!"听到同学们的称赞,她笑了,开心地笑了。教室里掌声一片。

班上还有个"特殊"的学生——龙威,成绩一塌糊涂,上到五年级了,自己的名字还会写错,教过他的老师都摇头,对他"放任自流",说他是"朽木不可雕也"。刚开始,我还不死心,上课只要他举手,我都非常惊喜地叫他回答问题。但一段时间后,我发现他坐在那儿根本不学习,而且还总是影响周围的同学,一考试,成绩总是二三十分,有时候甚至是个位数,于是我把他单独调到最后一排"自立门户"了,只要他上课不捣乱,我也不管不问。

有一次,我让科代表利用下课时间发作业,打算上课的时候讲,结果上课的时候我去教室一看,班里同学都在怨声连连,抱怨还没有发到作业本。我一看,只有龙威在那儿发作业,正纳闷间,科代表报告说龙威抢过作业本藏在他的桌洞里,上课的时候才发!我心里不禁笑了,这孩子明显想引起老师同学的关注!同时,我心里也酸酸的,是啊,他整天被"冷落"着,心里也一定渴望回归集体,回归到同学们中去,我开始反思自己之前的做法。

最终,我想到一个办法,有事没事总喜欢让他帮我干一些"小活",帮一些"小忙",让他给我拿本书了,端杯水啦,对此,他也总是乐此不疲,总是兴冲冲地完成任务。我也借此表扬他"工作"认真,是老师得力的"小助理",他听后心里总是美滋滋的。

接下来,他上我的课听讲特别认真,回答问题也很积极,在刚刚结束的期中考试中,居然考了五十多分!虽然这个成绩比起其他同学还差得远,但对于他自己来说已经是天大的进步了!

曾经有人说:差生是小草,优生是鲜花。就让所有的小草和鲜花都享有同样的阳光，让他们快乐地成长吧。孩子都需要阳光雨露的滋润，特殊的孩子更需要加倍的关爱。我们教师要努力寻找他们身上的闪光点，并将此放大成为他们前进的动力，使他们充满信心，体会到成功的快乐，相信无论什么样的后进生都会变优秀的。

（作者单位：郑州市管城回族区回民第二小学）

心灵的阳光

张利红

有阳光的地方，就会感觉是温暖的、光明的、幸福的。心中拥有光明的人，就会有一种精神力量，这种力量可以温暖灵魂，指引前行。作为一名教育工作者，我们的任务就是在孩子心中播撒阳光的种子，让种子在孩子心灵生根、发芽，促进孩子们健康、幸福、和谐地成长。

本学期，在五（2）班任教的第一周，就有学生不断前来投诉："绍华不交作业，催他还大声骂人。""绍华故意把垃圾撒得全班都是。""绍华美术课上大声吵闹，影响我们上课。"绍华，是班里抢镜的明星吗？投诉率上升得也太快了吧！知道了绍华的问题，就要想办法解决。引导劝告，但这孩子一直低头不语。

第二周，周二上午第二节下课，一名学生急匆匆地跑到办公室说："老师，快，快去看一下，绍华把文浩的一只鞋脱掉扔到了五（3）班，别人劝他，他又和别人扭打在一起。"这还了得！上周才进行沟通教育，这回又闹哪出？经过了解，事情的原委很简单：下课后，文浩一不小心撞到了绍华的身上，绍华却认为是故意针对他，就直接把文浩的鞋扔到了五（3）班，想让文浩丢一次人，但是有一个孩子跑去五（3）班捡了回来，他气不过，就和他扭打起来。唉，这孩子，怎么这样没有礼貌！

和绍华妈妈进行一番电话交流后，他妈妈决定周五下午到学校具体沟通孩子情况。其间，绍华的不良行为从未间断，投诉有增无减。

周五下午和绍华的妈妈交流后，我知道了孩子的一些情况：爸爸一直在外打工，两三个月回家一次，基本照顾不到孩子的学习和生活；妈妈一个人带孩子，还要上班，晚上很晚回家，和孩子几乎没有交流；孩子自己管理自己，作业书写潦草、质量低下，做事我行我素，不懂得尊重别人，想怎么做就怎么做。

现在所有的行为都可以解释了。为了帮助孩子健康成长，我和孩子的妈妈达成了共识：

第一步：我和孩子的爸爸进行联系，把孩子在校的情况进行说明。男孩子比较听爸爸的话，爸爸不需要特别做什么，只需要每天晚上和孩子通过电话进行沟通，让孩子感受到父爱。

第二步：妈妈每天回来晚，可以每天准备一张小纸条。小小的纸条传达母亲对孩子的爱，可以是对学习的关注，也可以是对生活的关注，孩子进步了，及时进行鼓励，让孩子感受到浓浓的亲情。

第三步：我和孩子进行沟通，让孩子了解爸爸、妈妈的辛苦，对孩子的心理变化进行特别关注。孩子进步了，及时表扬，孩子有错了，及时进行指导，让孩子知道什么是对，什么是错。

第四步：成立班级爱心组，在学习和生活上给予他热心、真诚的帮助。

"真的教育是心心相印的活动，唯独从心里发出的，才能打到心的深处。"第三周，孩子变化了，骂人、浮躁的现象几乎不见了。第四周，妈妈打来电话，孩子也给妈妈留小纸条，说自己长大了，男子汉要照顾妈妈，要做一个懂事的孩子。第五周，孩子告诉我，爸爸现在每周回来一次，让他感受到了特别的爱。第六周，孩子单元测试进步了，由40多分提高到80多分，受到老师真诚的表扬。第七周，孩子作业书写工整，质量提高了。第八周，孩子主动上讲台问我数学题，主动帮助打扫卫生。第九周，我给孩子发喜报了，并打电话告诉孩子的爸爸和妈妈。第十周，采访绍华进步的经验，孩子腼腆地说：心里有一束爱的阳光，这束阳光中有老师、爸爸、妈妈、同学们，感觉暖暖的、甜甜的，激励我进步、前行！

班里掌声雷动……

孩子变化了，这种变化非常稳定、持续。每次的作业，上课听讲的状态，腼腆的笑容，一直感动着我，温暖着我，让我感到了为师者的幸福与甜蜜！

心灵的阳光，柔和的暖光，这束神奇的光芒，会让我们感动、幸福、积极、乐观、奋进、前行！

（作者单位：郑州市惠济区东风路小学）

"野蛮女孩" 变形记

李　雪

我又接了一个新班：三（2）班。从 2013 年 9 月到 2014 年 6 月将近一年的时间里，我和这个班的 69 个孩子共同度过了许许多多难忘的日子。其中最令我关注的就是一名叫小珂的小女孩，我用日记的方式记录了发生在她身上的故事。

2013 年 9 月 6 日　星期五　晴

开学已经一个星期了，这个星期我的主要任务就是认识班上的每个孩子。我了解到班上有男生 34 人，女生 35 人，男女生比例还算均衡。可是通过询问学生和查阅学生信息资料，我又了解到这个班外来务工子女竟然有 32 人之多。我心想：又是一个难带的班啊！

开学一星期，每天早上我都早早进班，督促值日生扫地、拖地、倒垃圾。我发现班上有个衣着邋遢、头发梳得乱糟糟的小女孩每天早上总是慌慌张张地跑进教室。她跑进教室后，把脏兮兮的书包往桌上一甩，赶紧猛吸几口手里拿的粥杯，一扭头唰的一下把喝完的粥杯扔到后面的垃圾桶里。如果扔进去了，她就用胳膊在眼前一挥，嘴里大声地喊着："耶！耶！"如果没扔进去，她就不屑地做个鬼脸，"切"，也不去把那个空粥杯捡起来重新放进垃圾桶里。当我走过去让她捡起那个杯子时，她总是瞥我一眼，嘴里嘟囔着："我又不是故意的，反正有值日生打扫……"然后慢慢吞吞地，极不情愿地走到后面垃圾桶旁边捡起那个空粥杯放进垃圾桶里。"唉，天哪！怎么会有这么野蛮的小女孩！"我叹着气想。我一定要想办法帮她改正不好的习惯。

2013 年 11 月 19 日　星期二　晴

自从发现小珂是个"野蛮女孩"后，我开始施展各种招式来"收拾"她。

我先给她调了一个"厉害"的同桌——班长君婉。君婉是一个有良好习惯的女孩，她工作负责，每天早早来到学校，既管卫生又管纪律，学习也很努力，管理那些调皮的学生很有一套，所以她在班上很有威信。我单独跟她说："君婉，小珂就交给你了。你的任务就是帮助她改正坏习惯，从卫生到纪律到课堂听讲。老师相信你一定有办法的，看你的了！"君婉想了一下说："老师，我一定想办法帮她改正。"我拍了拍君婉的肩膀，满意地点了点头。

2013 年 12 月 5 日　星期四　阴

给小珂换座位已经有一段时间了，我发现在君婉的严格管理下，"野蛮女孩"表面上在各方面都有进步。但是，有些同学向我反映，小珂只是当着君婉的面时表现还可以，如果君婉不在，她就原形毕露，在教室里大喊大叫，乱扔东西，课间休息时还跟男生在走廊里追逐打闹。我的天哪！"野蛮女孩"真是"江山易改本性难移"啊！于是，我又使出"撒手锏"——对小珂进行电话家访。从和小珂妈妈的电话交流中我了解到：小珂的父母是从浙江到郑州做生意的，妈妈开了一家服装店，每天从早到晚都在店里打理生意；爸爸开了一家旅店，也是从早忙到晚；小珂还有一个上一年级的弟弟。他们家住得离学校很远，小珂每天早上和下午都是坐公交车上下学，中午去学校附近的午托班吃饭休息。她每天早上六点就要起床，洗漱之后，就拿着妈妈给她的 5 元钱在外面买早餐吃。原来是这样，难怪每天早上小珂都是慌慌张张地跑进教室。当我把小珂在学校的不好表现告诉她妈妈时，她妈妈也很生气。我恳切地对她妈妈说："小珂妈妈，我知道你们做生意很忙，还要照顾两个孩子。可是再忙，也要关注孩子的习惯养成。三年级是孩子养成习惯的重要时期，不要为了挣钱而耽误了孩子的培养，你们也不想由于自己的疏忽，让小珂变成一个野蛮、粗俗的女孩吧？"听了我的话，小珂的妈妈也警醒了，她向我保证一定花时间帮助小珂改正坏习惯。

2014 年 4 月 8 日　星期二　晴

时间过得真快，转眼间寒冷的冬天过去了，又迎来了春暖花开的春天。新学期，我们班的许多孩子都长高了，也懂事多了。我惦记的"野蛮女孩"小珂怎么样了呢？

开学这段时间，我认真观察了小珂的行为，我发现在同桌的严格监督和妈妈的敦促下，她的习惯有所好转，但还不能很好地坚持，总是时好时坏。

我静下心来想：一个年仅九岁的小女孩，每天奔波在上学的路上，既要自己买饭吃，又要跟许多大人一起挤公交，真是很不容易，我不能用简单粗暴的批评对待她，要想转化她，必须用"关爱"这把金钥匙打开她的心。于是，我特意每天早上看到小珂，就会主动关心地问她："小珂，今天早上吃饭了吗？公交车挤不挤？你没梳头吧？来，老师帮你梳一梳头！"当我第一次给小珂梳头时，她乖乖地坐在座位上，一动不动，好像很享受。当梳好后我用小镜子照给她看时，她的脸一下子红得像个红苹果。只见她慢慢地站起来，向我投来既羞涩又感激的目光，她细声细语地对我说："李老师，你给我梳的头真好看，谢谢你！"我关爱地说：

"小珂，你真是个漂亮的小姑娘！"从那以后，我又利用几次课余时间教会了小珂如何自己梳头。慢慢地，我发现小珂真的变了。这几天早上，我总能看见一个衣着干净、头发梳得整整齐齐的小女孩轻轻地走进教室。班上的孩子们都说小珂从"野蛮女孩"变成了"文明女孩"，我的心中也涌起了一股暖流。

多管齐下，用爱心叩开心门，"野蛮女孩"也能破茧成蝶！

（作者单位：郑州市管城回族区工人第二新村小学）

给成长一点时间

牛　红

人们常常赞美那些姹紫嫣红盛开的花朵，而对那些还未顶破花苞的花骨朵很少关注。曾经我也这么认为，相对比较偏爱行为习惯好、学习成绩优的学生，对习惯不好、成绩落后的学生因"恨铁不成钢"，在他们犯错时会用激烈的言词伤害他们，或急于转变而急功近利，换来"拔苗助长"的遗憾。哲学家卢梭说过："教育即生长。"这句话昭示了教育的内在真谛：教育不仅仅是知识的传授，更应为生命奠基，成全每一个生命的灿烂，丰富每一位学生的精神花园，这，才是有灵魂的教育！我决心做一个等待花开、聆听花开的守候者。

未接班时，就听说这个班纪律不好，男生特别爱打架，一个课间会发生两三起打架事件。从 8 月 1 日宣布我接这个班到开学，我一直在思考如何转变这个班的班风。很快就开学了，开学典礼结束后，学生进班报到。有着几年教学经验的我知道第一课的重要性，进班后，我以真诚的微笑和柔和的声音向学生做自我介绍，特别真诚地提出很愿意与他们交朋友，我会对他们每个人从零来认识。一般这种情况下，学生都会积极展现自己，以给新老师留下好印象。我这所以这样说就是想给原来表现不好的学生以改正的机会。

很快下课铃声响了，我回到办公室刚坐下，杯子还没端起就有学生进来报告小波与峰林打架了。我来到班上把他俩拉开，询问了打架缘由，分析了各自的对错，让他们针对各自错误互相道歉。化解完他们的矛盾，一个课间操也过去了。虽然我有思想准备，但开学第一天就动手打架是我没料到的。

第二天中午，大家正在忙着站路队，突然人群中一阵骚动，紧接着从队尾传来声音"小波和峰林又打起来了"，等我望去，他们已由队尾打到了队首。只见小波左手抓住峰林的左胳膊扭向背后，右手弯曲，拿胳膊肘使劲儿向峰林背上砸着。我边高声喊"松手！"，边快步走过去。小波并未松手，没有做到他昨天答应我的，老师制止他时他能听从。我抓起他的胳膊，并与他商量："小波你松手。"他还是不放。我把小波的手掰开，他又用脚去踢峰林。拉开后我让峰林走远一些。谁知我刚一松手，小波竟又奔过去扑向了峰林，还未动手，被几个学生拉住了。经过了解，两人从一年级开始关系就不怎么好，现在上到五年级，谁看谁都不服，课间同学中常见的身体碰触、眼神对视等不会引发矛盾的行为在他俩这儿就会引起"战争"。另外，昨天他俩闹矛盾，小波认为自己没有沾到光。

第二周的周四，小波又与小雷在课上打起来了。这一次责任主要在小波，但在与他谈话的时候我还是先表扬了他。表扬他由开学第一周连续两天动手打人到这次能隔一周，很有进步！然后让他通过换位思考明白自己错在哪儿了。冷静后的他认识到自己的行为让人反感，并低头承认了错误。

为了唤醒小波内心深处向真向善向美的意识，促进其主动地转变，我翻阅了《小学生心理发展特点概述》《学生管理心理学》《班主任之友》等书籍杂志，决定利用小学高年级孩子的心理特点，采用群体教育的方法，给小波来个"会诊"。

第三周我专门布置一篇日记让学生写一写"我眼中的小波"，要求客观公正展现小波的为人。虽然绝大多数学生都在日记中写出了对小波爱动手拍人、用脚绊人、嘴里说脏话行为的不喜欢，但仍真诚地提出了建议和希望。还有人怀念了一年级时学习优异、爱帮助人的小波,甚至一位学生还向小波下了"战书":看他俩谁先得到老师的表扬。我专门找了一节课让大家读给小波听,要求他听完后谈谈自己的感受,他说:"我的行为给大家带来了很多的伤害,你们不和我计较,能原谅我,相信我,我一定不会让大家失望,请你们监督。我会慢慢改正!"

之后两周虽然仍有人课间报告小波没事招惹别人一下、踩别人桌椅等不良行为,仍有老师对其课堂表现十分不满,但通过大家那次对他的鼓励和我的不断强化表扬,他没有再出现拉都拉不开的打架事件。

真正促进小波有明显转变的是我委任他当放学路队的口令员之后。一天体育委员请假,中午放学路队没人整队、喊口令,因为他个头高,身体壮,声音响亮,我请他帮忙整队。一开始他很不自信,不愿喊,我将他拉到一边教他怎么喊,鼓励他尝试一下。走到队前,他一改慵懒样,身体挺直,双手贴裤缝,声音虽然不够干脆,但很响亮。我在一旁为他竖起了大拇指,他有些羞涩。从小波这点转变中我仿佛看到他"心中的巨人"正一点点苏醒,我相信给他努力的机会,耐心地等待,他早晚会像其他孩子一样绽放,成为园中一景。下午我就和体育委员商量,放学的路队由小波协助他,小波喊口令,他负责组织大家站队。

之后的一年,小波与同学交往的方式有了很大的转变,很少与人动手了,课上主动举手发言次数在增多,作业质量在提升,他在一点点努力着,绽放着……

每一个孩子摆脱幼稚、告别无知、改变拙劣都需要一个过程,让我们耐心等待。在等待中不忘播撒爱的阳光,让等待充满憧憬,满怀向往,一同享受花开的那份美好、甜蜜、感动、幸福……

(作者单位:郑州市金水区黄河路第二小学)

老师，您先喝

刘　燕

作为教育者，很多人都希望自己的教育能产生巨大的影响力，而每每又事与愿违。这是因为我们没有找到开启学生心扉的钥匙，而这把钥匙可能只是简单的一句话、一个举动而已。

我们学校地处二七商业圈，大部分学生都是流动人口子女，父母在这里经营着或大或小的生意，无暇顾及自己的孩子。这些孩子没有良好的行为习惯，自由散漫，学习成绩差。在学生的教育上学校很难取得家长的配合，工作起来真有点费力不讨好。

接这个毕业班已经一学期了，虽说经过一学期的"高压"，班级纪律好了许多，但是有个别调皮的学生也只是在语数课上"老实"了，在其他任课老师的课上不是玩就是睡，后来甚至开始旷课。

这天一大早，小伟的家长来找我，说昨天晚上在家说了孩子几句，结果孩子赌气出走一夜未归。进教室之后，我发现没来的不止小伟一个，还有小磊和小勇。这三个孩子是班上男生的"头儿"，关系很好。小伟脾气倔强，年龄比班上的同学都大一些，比较叛逆，经常和任课老师发生冲突；小磊，生活在单亲家庭中，在他没出生之前父亲就去世了，母亲忙于挣钱养家，根本不管他，他跟着社会上一些人养成了一些不良习惯，最近有过几次旷课现象，和家长沟通得知她妈妈管教他的办法就是打，成效也不大；小勇，父母经商，因为家庭教育原因，不良习惯多，学习成绩差，有点破罐破摔的味道。今天三人都"失踪"了。我心里突然有种感觉，找着其中一个，另外两个也会找到的。

上完课，我向和他们关系很好的小冰打听消息，小冰说他真的不知道他们在哪儿，不过他可以带我去他们经常去的网吧、游戏室找找。不愧是好朋友，走进第二家游戏室就看到了小磊。他背对着我们，一边吸着烟，一边熟练操作着游戏机。我悄悄地站到了他的背后，没有说话。一分钟后他可能感觉到背后有人，一扭头看到是我，手中的烟掉到了地上，人也从座位上弹了起来。我什么也没说转身出了游戏室，小磊低着头跟着我走了出来。我笑着对他说："这件事怎么办？"他蒙了，以为我会毫不留情地批评他，一时间不知所措。过了一会儿，他说："老师求求你，不要告诉我妈妈。"我说："你还未成年，吸烟有害健康。作为不追究的条件，找到小伟、小勇，下午上课之前把他们领到学校。"

下午我一进校门就有学生告诉我，旷课的学生全回来了。看到我，他们三人不好意思地低下了头。旁边围了好多学生，准备看我怎么批评他们。如果这时批评他们，只会让他们丢尽面子，伤了自尊。我压了压火，问道："吃饭了吗？"他们三人诧异地看着我，摇了摇头。我说："走吧，吃了饭再说。"然后把他们领到门口的烩面馆，给他们每人买了一碗面。小磊好像想缓和一下紧张的气氛，说："老师，再买瓶饮料吧，我习惯边吃边喝。"因为是夏天，估计他们也渴了，我就给他们每人买了一瓶饮料。让我意外的事情发生了，小磊找服务员要了一个杯子，倒了一杯饮料给我端了过来说："老师，您喝！"我笑笑说："老师不渴，你们赶快吃饭吧，马上上课了。"这时，小伟、小勇也走了过来，真诚地说："老师，您喝了我们再吃饭。今天是我们错了，以后再也不这样了。"一时间，一股暖流在我身上流过。

　　从那天之后，他们真的变了许多，不旷课了，也不和其他老师发生冲突了，见到老师还知道问好。虽说学习成绩提高不多，但是懂事了许多。

　　通过这件事，我深深懂得了"没有爱就没有教育"。教育并没有什么高深莫测的东西，有时只是举手投足间的一个举动，或是毫不费力的一句话。只要我们用心寻找和体会，教育处处都是美的乐章。

（作者单位：郑州市二七区汉川街小学）

"特批"的优秀

闫松义

上课铃响了，我抱着刚批改过的语文作业本，带着满怀的好心情，迈着轻盈的脚步来到教室。

教室里格外安静，我习惯地环视了教室一周，笑了笑，说："同学们，这次作业许多同学都得了'A＋优'，我今天特别高兴。"我一边说，一边举起了一大摞作业本。然后我稍作停顿，接着说："告诉同学们，今天闫老师还发现了一份最满意的作业，他是谁的呢？"还没等我说完，就有同学把目光投向了浩龙，还有投向小雪的。我再次笑着说："他们两个的作业经常都很好，但是老师今天先不说他们的作业，大家猜一猜会是谁？"这时很多同学都摇头了。我一看时机成熟了，就大声问："同学们想不想知道？"教室里就一个声音："想。""好，我宣布他就是：'文——佳！'虽然他这次作业中还有两个字写错了，但老师相信这份作业是他最用心写的，也是他最优秀的。"这时，部分同学向文佳投去怀疑的眼神，还有同学小声嘀咕，总之就两个字——"不信"。我把作业本翻到一张既干净又工整的一面，并把上面的"A"和"优"展示给大家。有几个好奇的学生还站起来伸着头看呢！这时的教室，静得掉一根针都能听到声音，突然，一阵热烈的掌声骤然响起，我也激动地跟着鼓起掌来。

此时，我不由自主地把目光投向了文佳，平时能说会道的他，这时就像一棵挺拔的小树，坐得笔直笔直的，脸上有些疑惑与不解，然而，我还是从他的眼神中捕捉到了激动与兴奋。这一切来得太突然，他还没有从刚才的那一刹那中回过味来……

要知道，这个"A＋优"对于文佳来说可是"放卫星"的大事了。刚接手这个班时，我就发现文佳是个眼高手低的孩子，课堂上夸夸其谈，课后作业乱七八糟。他的作业字不成形、错字连篇，拼音格里的拼音更是"上天入地"。我很快就熟悉了他的独特字体，不用看名字，就能一下认出。

记得批改作业那天，我一路打钩，批到文佳的作业时卡壳了，我叫同学把他"请"到我的身边站着面批。他的作业本上有两个错别字，我用红笔重重地圈了出来，一脸严肃地说："千叮咛，万嘱咐，不要把圣诞树的'诞'和甜蜜的'蜜'写错！要仔细检查！"声音不高，分量却很重。说完，我抬头冷冷地看了他一眼，想从他脸上找到悔过的表情。他没有说什么，眼睛睁得大大的，眼神好特别。我蓦然发现一种从心底流淌的渴望、一种对学习的热情正在悄悄地消逝，他的整个表情变得木然，我的心为之一颤。

等他走后，我又重新审视这份作业，字的大小不一，但是一笔一画写得重重的，十分清晰有力，他还默了整整两页词语。哦，相当于做了两天的作业呀！我着实吃惊不小，不觉翻看起他前阵子的作业，他的作业整洁了，字迹端正了，每天的默写总是别人的两倍，想必他一直在暗暗努力得到一个"优"。记得前两天我发作业的时候，他老是悄悄地翻看其他得优同学的作业，而我当时还曾不屑一顾地阻止他……我对他做了什么？突然间，我仿佛看到了他那带着期盼的眼神了，仿佛一下子明白了其中所有的含义……这份作业好沉，这是一个孩子用"心"写的。一个简单的对错符号只能来判断作业的正误，而一份真正有质量的、蕴涵着特别价值的作业，必须以一颗真诚的"心"去发现，去触摸，去呵护……

因为懂得了，所以也特别珍惜，我在他的作业本上工工整整写上了一个"优"，并在优的前面特意加上了一个"A"。

此后，这样的"特批作业"多了起来，作业本上又多了许多丰富多彩的内容：一个个红苹果，一个个可爱的笑脸，甚至还有那一面面鲜艳的小红旗。

正如苏霍姆斯基所说："成功的欢乐是一种巨大的情绪力量，它可以促进儿童好好学习的愿望。"我要让学生们时刻感受得到成功的快乐，时刻督促自己努力去做好每一件事。在实际工作中，我运用多元的评价方式，使学生大大改变了以前做作业拖拉、书写马虎潦草等不良习惯，收到了意想不到的效果。

（作者单位：郑州市二七区陇西南校）

爱，是可以传递的

张丽彩

鲁迅先生曾"弃医从文"，因为他觉得医术只能拯救人的身体，文学可以医治人的思想，而中国落后的根本原因在于思想。一个人，身体有病了不可怕，要是心理有病了，那才是真正的可怕！作为一名教师，我们的职业就是要"教书育人"，确切来说应该是"育人教书"。育人永远是第一位的，这是教育良知、责任和道德对我们的基本要求。"育人"，育的是思想，育的是灵魂。

那一年，我担任七（4）班班主任。班级刚刚步入正轨，我就发现班上有个叫艺洁的女生，太沉默寡言，根本就不与别人交流，在她的身上根本看不到七年级孩子的那种稚气和开朗。她经常低着头，一副心事重重的样子。

我从侧面了解到，就在她升入中学的这一年，她的家庭经历了一场毁灭性的打击——她的父亲在一场矿难中丧失了性命。家中的顶梁柱没了，天好像一下子塌了，家中的担子全部落在她妈妈的肩上，生活非常艰辛。作为一个 12 岁的女孩子，她承受不住失去父亲的痛苦，而对于生活的压力和母亲的艰辛却又无能为力，慢慢地，她就把自己封闭了起来。

作为班主任，我很为这个孩子担心，如果她走不出这个阴影，那么她的一生就会受到极大影响。我曾经问过她："面对生活的打击，你真的要一蹶不振吗？你真的不为前途考虑了吗？"她当时非常伤心地哭了，却什么都没有告诉我。我意识到，孩子压抑得太久了，她心里面有太多的苦楚，一时不知道该怎么倾诉。我也明白，孩子可能还没有完全信任我。

为了得到她的信任，我就更加密切地关注她。当我发现她成绩退步的时候，就把她叫到办公室，帮她分析退步的原因，并且开导她，安慰她，鼓励她坚强起来；当她不开心的时候，我会找她谈心；我还特意安排几个比较心细的女生，有什么集体活动了一定要带上她。一次她生病了，高烧39度，我带她去看病取药，回来的路上买了一兜水果给她吃，当我递给她的时候，她忍不住地哭了，我感觉我的关爱对她产生了影响。慢慢地，我发现她心事重重的时候少了，脸上偶尔也会出现些笑容。

记得那天天很冷，下午又下起了大雪，很多家长陆陆续续来给孩子送棉衣。穿上棉衣的孩子们，脸上呈现出的是发自内心的幸福，只有她，穿着单薄，坐在人群中，显得更加可怜。我拿出一件自己的羽绒服，装在袋子里，拿到教室门口，大声地喊了声："艺洁，快点出来，你家长给你送衣服来了。"她的脸上现出惊奇的神色，慢慢地走出教室，接过我手中的衣服，她流着泪哽咽地对我说："张老师，谢谢您！"为了维护孩子的自尊，我采取了这种方式，我想她是明白了我的良苦用心。后来，她给我写了一封信，把她的心里话都写了出来。就是那一封信，让我看到了一个12岁的女孩面对家庭灾难时的无助与彷徨，面对别人讽刺时的心酸与无奈，也让我看到了她内心对帮助她的人的感激，对现实的理解，对理想的渴望。信中有几句话，我印象很深：那场灾难，几乎让我失去活下去的勇气，艰难地活着，只是不愿让母亲经受另一种打击，老师让我看到了这个世界还有很多种爱，我要坚强地活着，活出人生的精彩。从那以后，她的变化真的很大，她已经走出了那片阴影，我稍稍松了口气。

　　那个时候的她，才 12 岁，七年级的学生，如今，她已经是一名大学生了，将来也要从事教育工作。看到她不断地进步、坚强，我在感慨时间过得太快的时候，也在庆幸当初没有忽略这个孩子。我相信，她将来肯定会是一个好老师，她也一定会疼爱每一个孩子，因为：爱，是可以传递的。

（作者单位：荥阳市崔庙镇初级中学）

难忘的六次掌声

陈志岭

故事发生在去年春末夏初的时候。初夏的天气虽然闷热，但并不让人觉得焦躁。男孩子早已脱下了棉袄棉裤，换上了清爽的衬衫和短裤。女孩子们就更爱美了，五颜六色的衣着，让人一进教室，就仿佛进入了花的海洋。当然，在这样春光明媚的日子里，孩子们肯定不想只在教室里度过了。只要下课铃一响，他们就像一群刚出笼的小兔子，攒足了劲儿，跑到操场上去玩耍。看到他们生龙活虎的样子，我的心情也不禁变得愉悦起来。可是，这种和谐很快便被上课时的一场"意外"给打破了。

那天，我跟平常一样提前两分钟到了教室，乱哄哄的课堂很快便安静下来了。直到上课铃响，我依然没有发现班里跟以前相比有什么异样。那节课的内容是评讲刚考完的一张试卷。当我正在慷慨激昂地讲听力材料的时候，突然间教室里传来"嘭"的一声。这声音不大，也不清脆，但是很有力量感，着实把我吓得不轻，孩子们也是个个面面相觑。这声音到底是从哪里传出来的？到底是哪个捣蛋鬼敢如此大胆，连班主任都不放在眼里，敢在我的课堂上做这样的恶作剧？我用庄严的目光在班里扫视了一圈，压低声音说道："刚才那声音是从谁那里传出来的？抓紧时间给我站起来！"学生们大概沉默了三秒左右，只见我们的班长小波同学慢吞吞地从座位上站了起来。竟然是他，这一状况不禁让我大跌眼镜。

小波同学是我刚提拔起来的班长。对他的提拔，还真是一场意外。为什么呢？因为他是我们班最调皮、最不服从管理的一个学生。他个性比较强，喜欢在小伙伴里面称王称霸，因此他在班里有很多"手下"。上课的时候我在班里还好一些，他还能管得住自己，不在课堂上捣乱。但是，一到中午自习的时候，他的本性就露出来了。他就跟一只猴子一样在班里东窜西蹦，搞得其他学生不得安宁。这还不是最重要的，最重要的是每当班干部去我那里告他状的时候，他就联合"手下"一起对抗班干部，我的英语科代表都已经被他气哭了好几回了。有一次我实在忍无可忍，把他叫到了办公室，劈头盖脸地批评了他一通。谁知道，他非但不服气，还扬起他那高傲的头，斜着眼看着我。我一看他这劲头就来气，我对他说："小波，你心里要是有什么委屈，觉得老师有什么做得不对的地方，你尽管说出来，你这样瞪着我，算什么本事！"他一看，自己发言的机会来了，嘴巴像机关枪一样"突突突"地说个不停："老师，我觉得你选的班干部不行！他们管不住班，班里面的学生都不听他们的，我凭啥要听他们的？尤其是那几个女生，除了哭，还会干啥……"我一听，心想："给你一点儿颜色，你倒还开起染坊来了。"于是，我就强压住心头的不愉快，故作镇定地对他说："行，你要是觉得当班干部容易的话，你就当班长吧。"结果，还没等我说完，小波一改刚才苦大仇深的样子，立刻变得眉飞色舞起来："老师，你说的是真的吗？我要当班长喽！"说完，便一蹦二跳地跑回班里去，估计是急着向他的"手下"们宣布这个好消息吧！得，我随口一说的话，他居然当真了。但是，"君无戏言"，正好我们班的班长小龙由于上体育课崴了脚，还不知道什么时候能来，就暂且让他过过当班长的瘾吧。

　　本来，我想着，小波当上班长之后，肯定会觉得班长不是他想象中那么容易，等他"碰了几次壁"之后，他肯定会在原先的班长小龙来之前，找我主动请辞。可是，让人意想不到的事情发生了。小波自从当上班长之后，就跟脱胎换骨似的。上课不迟到了，课堂上也不再频繁地举手要求上厕所了，他手下的那些"小兵"们，一看"老大"变得这么乖巧懂事，也纷纷收敛了很多。遇到几个不听话的，只要小波一吼，那气势绝对能震得对方一个字也说不出来。尤其是每逢下午课间操检查卫生的时候，他总会挂一个"卫生检查生"的牌子在脖子上，到各班去检查卫生，弄得还颇像一回事儿呢！我对他的看法慢慢地改变了，班里面的学生也都对他刮目相看。这种情况大概持续了半个月，我们原先的班长小龙回来了。由于小龙同学落下的功课太多，他的家人也不赞成他继续当班长，于是，小波就在大家的一片赞美声中，脱去了"临时班长"的帽子，正式走马上任了。

　　通过我对小波近段时间的了解和观察，他不应该是上课故意让我难堪的学生啊。难道，是他心里有什么事？或者，他跟小伙伴们闹矛盾了？想到这里，我的怒气消了三分。我走到他身边，和颜悦色地对他说："小波，你遇到什么不开心的事了？说出来给老师听听。"小波一听，气鼓鼓地对我说："老师，还不是怨那个嘉伟！下课的时候，我和他一块儿去玩乒乓球，结果，他把我的新乒乓球给踩碎了，于是他就把他的破乒乓球还给我了。我那乒乓球可是今天早上才买的，刚拿出来打。他赔给我的那个乒乓球，又黑又脏，白给我我都不要！本来，我想打他一顿，但是，我想着我是班长，不想跟他一般见识。但是，上课的时候，我越想越生气，于是一脚把乒乓球踩爆了。"话听到这里，我算是明白了，原来是跟小伙伴闹矛盾了，因为嘉伟把他的新乒乓球踩坏了，导致下课没玩儿成，再加上嘉伟赔给自己一个旧的乒乓球，心里觉得不平衡才会这样。再看看嘉伟同学吧，他一听说事情与自己有关，马上自觉地站在座位旁，志忐不安地看着我。

小波同学气呼呼的表情,活像一只趾高气扬的大公鸡,如果我此时批评他一顿,他肯定会觉得更加委屈,说不定会恼羞成怒,下课再找嘉伟打上一架。而嘉伟同学明显就是一副已经认识到错误的样子,但是事情的错误又不仅仅在他身上,如果我在此刻责怪他,他肯定会更加自责,并且这也不利于小波同学意识到自己的错误。

想到这里,我语重心长地对班里面的同学说道:"同学们,今天我们应该表扬班里面的两个学生,他们一个是小波,另一个就是嘉伟。"

听我说完这句话,小波和嘉伟愣住了,班里面其他的同学也都大眼瞪小眼。看到他们惊讶的表情,我又接着说:"我们首先要感谢的同学是小波同学,为什么呢?首先,小波在和嘉伟同学产生矛盾的时候,意识到自己是班长,必须得给大家起到模范作用,于是收下了旧的乒乓球,并且很好地控制了自己的情绪,我们应不应该给他点掌声鼓励他啊?"学生们听完,纷纷为他鼓起掌来。小波一看自己犯了错误,同学们还给他鼓掌,他那仰得鼻孔朝天的高傲的头稍微低下去了一点,但是看得出来他还是有点不服气。我一看自己的话起作用了,就顿了顿,接着说:"小波同学能在老师询问是谁在课堂上弄出噪音的时候第一时间站起来,说明他是一个非常诚实的孩子,我们是不是应该为他的诚实,再给他一些掌声呢?"在我的鼓动下,学生的掌声又一次响起来。再看看小波的反应:他的头一下子就低下去了,十分不好意思地用试卷捂着自己的脸。我一看他的模样,就赶紧趁热打铁:"同学们,我们要表扬小波同学的第三个原因可就大了,就是小波同学保护了咱全班同学的生命。"听到这里,同学们都犯迷糊了,睁着大眼睛望着我,好像在问我原因。我慢条斯理地说:"因为小波同学是一个非常善良的孩子,在他自己不开心的时候,只是把乒乓球踩爆了。你们想一想,如果小波是一个坏孩子的话,他肯定不会只踩乒乓球,他要是拿过来一个炸弹用脚轻轻那么一踩,我们全班可不就完蛋了吗?"听到这里,学生们忍不住地哈哈大笑,小波同学也"扑哧"一声笑了出来。

接着,我话锋一转,将目光投向了嘉伟同学。我对学生们说:"同学们,我们今天要表扬的第二个人是嘉伟同学。为什么呢? 第一,他在弄坏小波乒乓球后,并没有逃避责任,而是将自己仅有的一个乒乓球还给他。我们是不是应该为他的负责任,给他一些掌声呢?"听我说完,学生们的掌声又一次响了起来。而嘉伟同学一听,不好意思地低下了头。"我们要表扬嘉伟同学的第二个原因是什么呢? 在嘉伟同学知道自己犯错误的情况下,没等老师叫到自己就主动站了起来,我们是不是应该为他的勇敢,再给他一些掌声呢?"同学们的掌声"哗哗哗"地应声而起。再看看嘉伟,他的脸早就已经红了。只见他红着脸,抬起头很真诚地对我说:"老师,我知道错了,我明天中午不吃饭了,买一个新的乒乓球还给小波。"我紧接着说:"同学们,嘉伟同学在认识到自己错误的同时,勇于承担自己的错误,我们是不是应该为他的担当,再给他一次掌声呢?"同学们在鼓掌的同时,纷纷向他投去了赞赏的目光。

而小波同学呢? 他一看嘉伟同学为了赔他一个乒乓球,连中午饭都不吃了,脱口说道:"老师,我不让嘉伟赔了,我是跟他闹着玩的。"我一听,满意地看了一眼小波,然后对着全班同学说道:"你们能在一个班级里面上学,真的很不容易。小学时代的友情是最纯真的,我们应该珍惜自己身边的朋友,不是吗? 现在小波和嘉伟同学全部都认识到了自己的错误,那么下面,就让我们一起来看这两个好朋友拥抱一下吧。"同学们一听,"哗"的一声乐开了。最后,两个人很不好意思地走上讲台,互相拥抱了一下。这时,同学们的掌声不约而同地响了起来,像浪潮一般经久不息……

这件事情距离现在已经有一年多了,可是,每当我想起那难忘的六次掌声,心头仍然有一种别样的情愫在荡漾。我想这种别样的情愫就是爱。因为我爱我的学生，所以在学生犯错误的时候，我没有单纯地责怪他们，而是换一种方式，让他们了解到对方的优点，并给予他们主动认识错误的机会。我为自己当时处理这件事情的方式感到自豪，也很庆幸。正因为我考虑到了孩子们的感受，才没有伤害到孩子们。我不仅没有让这件事在孩子们的心灵上留下阴影，恰恰相反，我更让他们明白了珍惜友情的重要性。

（作者单位：郑州市管城回族区圃田乡中心小学）

你用微笑温暖了我的心

曹利玲

每一个生命的诞生，都给父母带来了无限的希望。然而，班里总有一些孩子不再是父母的骄傲，而成了不受同伴欢迎、让老师头疼的孩子。这些孩子或理解力很差，或性格怪异，在班上总与别的孩子不一样。他们有的沉默寡言，有的敏感而多刺，有的甚至表现得蛮不讲理，但在他们的内心深处，都隐藏着深深的自卑。

琳琳就是这样一个需要特别关爱的孩子。

刚接手这个班，琳琳就以"特别"的方式引起了我的注意。每当我用目光环视全班时，总是遇到她冷漠且略带敌意的眼神，这让我的心里产生了一丝丝的不安，但细想自己的所作所为并无不妥之处。接下来几天，我仔细观察，发现她很少与同学交流，更很少有笑容，课堂上让她回答问题，她总是一言不发。

晚上，我给她妈妈打了电话，终于知道了她这样表现的原因。由于工作原因，琳琳从小跟奶奶一起生活，去年爸妈才把她接到身边。妈妈看到琳琳被奶奶娇惯得一身毛病，很想赶快把她管好。但是，因为从小没有在父母身边，现在的琳琳听不惯妈妈的唠叨，根本不愿意与妈妈交流。另外，琳琳看着身边同学时尚的装扮，听着他们流利的普通话，总觉得自己与别的孩子不一样。尽管，妈妈后来也为她买了漂亮的衣服，但执拗的她已被心底的一点自卑和不满所控，总不愿意与妈妈交流，也不愿意与别的同学交流。

这是一个从小就缺少母爱的孩子，这是一个缺乏自信的孩子，这是一个更需要爱来温暖的孩子。我深知，只有对她投入更多的爱，才能温暖她那颗受伤的心；只有对她投入更多的爱，才能点亮她心中自信的灯；只有对她投入更多的爱，才能让她领悟到健康积极的生活态度，才能让她微笑着面对生活。

从那以后，课堂上，每当与她的目光相遇，我都会用溢满微笑的眼睛与她交流；课下，见到她，我总会主动微笑着与她打招呼。我不止一次地告诉她她的眼睛很漂亮，在班上夸奖她字写得很漂亮，还让班上几位活泼开朗的女生主动找她玩，与她交朋友。

同时，我又与她的妈妈沟通：作为琳琳的妈妈，她首先要让琳琳感受到母爱的温暖，然后才能要求琳琳改掉毛病；对待琳琳一定要有耐心，不要急于求成，一定要给孩子敞开心扉的时间，给琳琳改掉坏毛病的时间；对琳琳的进步要多肯定，多鼓励。

慢慢地，她不再冷冷地打量我，与我眼神相遇时，开始报以羞涩一笑，甚至，课下与我碰面，她会主动问声"老师好"。课堂上让她回答问题，她不再执拗地沉默。虽然，她回答问题的声音很小，普通话也不够标准，但其他同学并没有像她想象中那样嘲笑她，我也总走近她身边听她的发言，鼓励她大声再说一遍。一学期后，她已经能主动举手发言了。课下，会经常看到她开心地与别的同学嬉戏。她微笑着的眼睛闪着亮光，让我的心里也明亮起来。

在琳琳素质报告册的"老师寄语"中，我写下了我心底的一句话："琳琳，你的眼睛又大又亮，笑起来很美。老师希望你以后能经常微笑，希望你能一直用微笑来面对生活。"没想到，发素质报告册的当天晚上，我收到了琳琳的短信："曹老师，您的笑不仅很美，而且像阳光一样温暖。您用微笑温暖了我的心。"

通过琳琳这件事，我更加深切地体会到：微笑是人类最美丽、最友善的语言。每当我给学生一个真切的微笑时，他们也总会回报我一个更加灿烂的笑脸。就让我们用微笑去拉近与学生的距离吧，让每一位孩子，尤其是那些特殊的孩子，都能感觉生活在我们的关爱中；让每一位孩子都能学会微笑着面对生活，让每一位孩子都拥有学习的信心和健康积极的生活态度。

（作者单位：郑州市管城区逸夫小学）

当一个有爱心的守护者

刘文飞

现代教育对教师的要求，远远超过了传统教育，而对一名好的教师更是要求极高。作为一名高中教师必须发自内心地引导与施教，才可能成为一名好的教师。

成为一名好的高中教师是我的愿望，我无法断定自己是否已达到标准，但是我知道自己在用心陪伴着孩子们。在过去的两年里，我以自己独特的方式引导和鼓励着所有的孩子向前走。

过去两年我给学生写了很多信件，有针对个人的，有针对全班的。可能单独一封信件的作用是微小的，但是所有的信件加起来却显得那么巨大，其中有个孩子的变化特别大。回顾我在过去两年中几个重要的节点给予孩子的帮助，我自己也有些许的感动。在这里一起和大家分享这个故事。

这个孩子叫小超，极其内向，并且有交往恐惧症，和周围的人相处得不好。在与孩子相处的过程中，我深感作为一个班主任责任的重大。我暗下决心：一定要尽力帮助这个孩子。经过三年的努力，孩子发生了巨大的变化，高考成绩也不错，这对我是个巨大的鼓励。

高一的时候小超给我写了这样一封信，内容如下：

我总是感觉周围的人在关注我，害怕自己的行为和言语被人嘲笑，每当我看到别人吐痰时，我都觉得是针对我的。进入高中后，我感觉自己在别人眼中是个怪物，从不敢和别人交流，每当别人与我距离很近时我就很恐慌，不知道该做些什么，不知道该说什么，感觉很不自然。有时候，自己的言语表达不好会被别人嘲笑，我觉得周围没有能和我说话的人。我觉得自己挺喜欢学习的，可就是学不进去，上课刚开始还能听进去，过会儿就开始胡思乱想，想到和周围的人相处不好，想到别人嘲笑我。所以看着是坐在教室里听讲，其实什么都听不进去。有时晚上睡觉时想到这些令人烦心的事情，就会头疼，根本睡不着。和周围的人相处太难了，我不知道该怎么办。我有时候觉得是自己得病了才会这样，但家人带我去检查过，一切都正常。

拿到信后，我感到吃惊，因为我没有发现孩子的问题这么大，我找了一节自习课和小超进行了深入的交谈，并且告诉他：别人对自己做出负面的评价并不一定就是自己做错了什么，还有可能是评价者的出发点有问题，认识问题过于片面或者评价者的自身素质较差；大家对自己的实际评价高于自己的预期，周围的同学对自己的关注远没有自己想得那么严重，即使自己与人交往的能力不是很好，但只要能够积极地去面对这个问题，并且正确认识，积极行动起来，是可以逐渐提高自己与人交流的能力的；不要害怕别人的指手画脚，喜欢评论别人不是有素质的表现，片面的评论更是会引起周围的人对发表评论人的批评。另外，我还告诉他，就与他相处这么长时间来看，他的整体表现还是良好的，并没有可以让别人批评的地方，否则作为班主任早就给他指出来了，他所看到的有的同学的特殊行为，比如随地吐痰，和他一点关系都没有，可能只是有的同学个人生活习惯不好而已，也可能是个别同学自己心情不好，进而发泄自己不良情绪的一种方式。

　　在此基础上，我抽空写了一封回信，信的题目是：你缺乏的仅仅是勇气。

亲爱的小超同学：

　　我很高兴你能敞开心扉和老师交流，在这里我把自己的看法和你交流一下。你缺乏的仅仅是勇气。害怕面对现在，更害怕面对未来，害怕改变，害怕在前进的路上遇到种种挫折。我们不是想得太少，而是想得太多。总是在一个人的时候喜欢假设，如果这样，如果那样，在我看来，当假设完全不成立时，它就什么都不是。

　　不思进取，想吃现成的。其实每个人都会有这样的想法，每个人都有惰性，甚至我也想过，如果我是"富二代"的话，我会如何规划我的人生。对财富的渴望，对权力的渴望，对名誉的渴望，对幸福的追求，这些都没有错，人生在世就是在对这些东西追求的过程中实现了更多的其他的价值。《阿甘正传》我们都看过，一个没有目标的人照样可以成功，他的秘诀是什么？那就是做好手边自己能做的事情，就是这一点一滴的累积才让他获得了别人认为不可能得到的东西。因为阿甘笨，所以他不知道去思考失败了会怎么样，他只知道努力去做，一次只做一件事情，集中注意力去做。一个人能否集中注意力，是其智商和能力的最高表现形式。

　　因为看不到结果，我们害怕尽力，总是认为自己是在迷茫，实际上和所谓的迷茫没有半点关系。我们总是想，我做了这件事有什么用，想不到它有什么用或者是害怕它没有用，总是一次又一次地担心，最终导致自己什么也没有做成。就是因为我们脑子太好用，才去计较有什么样的结果，而这世界上又有几人能知道未来？

　　不要担心，不要害怕，只管去做，尽自己最大的努力做好身边的事情，也许做好所有的事情是不可能的，但试着每一次都去尽力，才有可能做到更好。好和坏，对和错，都只是一种结果，只要你尽力了，你会发现，坏的错的事情也能让你有所收获。

鼓起勇气，一路向前，不害怕，不担心。前程是以后的事情，你要做的是照顾好你的今天。

小超收到信后，从外表来看有了一些变化，明显变得更加积极了。这也让我看到了希望。接着，我又按照自己所掌握的心理学知识，针对小超的症状进行了一系列积极尝试。

小超担心自己的学习，我就耐心地告诉他高中学习的特点和本校教育的特点。高中的学习，不再是简单地识记和理解，而是全方位的开放式学习，内容可以说是完全源于生活。用心生活，热爱生活，是促进高中学习的重要方式。高中生活主要以素质教育为主，特别是高一、高二学段，如果学生能够全方位提高自己的素质，对于自己即将成型的性格肯定会产生非常积极的影响。

同时利用小超本身的爱好——打篮球进行引导，告诉他这是很好的一个爱好，鼓励他多参加体育运动，多和班上的其他同学一起打比赛，增强团队意识。告诉他通过运动和比赛可以增进自己和别人的感情，更加全方位地认识自己和他人，进而提升自身人际交往能力。

通过对小超的家访，我了解到他的父亲是国画画师，就鼓励他有空闲的时间就画画，特别是在自己感到紧张和焦虑时，更应该通过画画来转移注意力，如果出现了极度紧张的话，就到学校心理咨询室借助按摩椅进行放松，或者通过飞镖和其他项目来释放压力。

同时，我每天利用晚自习或者晚上宿舍查寝的时间和小超进行简短的交流，对他每天的进步进行肯定和鼓励。

另外，我在私下里嘱咐他的同桌、同宿舍的同学以及班上的学生干部多和他进行交流，在各项活动中主动邀请他，并鼓励他；嘱咐各个学科的老师在课堂上有意增加对他的提问次数，并且给出积极的评价，多鼓励；班级座次在转化期间也进行了有意变动。

在 2012 年的教师节，我收到了小超的一封来信：

老师的教诲催我风雨兼程，我的祝福伴你昼夜耕耘。

将来，无论我成为展翅高飞的雄鹰，还是房檐下低飞的麻雀，我都将以生命的翱翔为你祝福。我的老师，像大海一样宽广的是你的胸怀，像水滴一样深重的是你的恩情，请接受我诚挚的祝福吧。

每个人都有个死角，自己走不出来，别人也走不进去，希望你可以走进去。每次面对一些事情的时候心里总会恐惧，比如考试。每次听到考试，心里总有一种莫名的不安，总是感觉自己会考不好、不自信等等。考前拿出以前的卷子看问题，心想要避免这些问题的再次发生，可是每次都不能成功避免，其实我想说我并不是你想的那样那么能管住自己，也并不是你想的那么能坚持，我感觉自己很笨，很没有耐心，很没有自信。有时候我都不知道自己在干什么，都不知道自己在说些什么，像考试时自己明明看过几遍的关键词，可是要用时却忘记了，有时候有些事情我都不知道该怎么说怎么做，同时也不知道该跟谁说。跟父母说吧，父母也不知道怎么办，有时好不容易鼓起勇气想跟你说，可是到你面前却不知道该怎么说，于是就把话咽回去了。关于学习方面，其实我没有什么好的方法。

本身还有好多事情或想法，突然中断想不起来了，下次吧。

看到信的时候我很兴奋，没有想到仅仅一年时间，孩子的内心就发生了如此大的变化。这让我坚信自己的做法是正确的，自己的付出是值得的。就信中提及的问题，我与他进行了多次深入交流，重塑了他关于考试的认识。一段时间后，小超的考试成绩有了明显的进步，从进班的

40名，上升到班级14名。这让小超的自信心大大增加了，孩子在班上的表现也更加活跃了。小超的家人经常打来电话说，明显感到孩子的表现和以前不一样了。

在之后的两年里，我一直坚持对小超的关注，并且经常通过书信的方式进行沟通，小超已经完全成为一个正常的孩子，这让我很高兴。我想说，每个教师的付出都是有效果的，在学生身上都能体现出来，只要能够把自己的真心拿出来，孩子就能感受到温暖。不要轻易放弃任何一个孩子，这是我对自己的最低要求。

（作者单位：郑州市第十八中学）

为折翅的天使打开生活的大门

王军红

"老师（xi）——"刚下汽车就听见这熟悉的声音。好久没听过了，算来该有 12 个年头了吧。

这个孩子是我毕业第一年教过的孩子。他叫英敏，严重智力障碍。刚见他的时候，两条鼻涕一直挂着，快流到嘴上了就用袖子一擦，"嘿嘿嘿"一笑。"老师（xi）——"口水嘟噜一下流了出来，英敏又是"嘿嘿嘿"一笑。

"告诉老师，你叫什么名字？"我温和地询问他。"我——叫——英敏。"他说得有些吃力，口水还是不听话地流了出来，惹得大家哄堂大笑，英敏仍旧"嘿嘿嘿"一笑。接下来我又问了几个问题，英敏再也不回答了，只是"嘿嘿嘿"地笑。有学生大声叫道："老师，你根本不知道，以前的老师没有跟他说话的。他啥都不知道，连颜色都分不清，名字都不会写，1、2、3、4、5 都不会，别理他了。"英敏一声不吭，只是"嘿嘿嘿"地笑。我有些不知所措。学生们这样的话语对这个本就折翅的天使来说，无疑是一种嘲弄，一种侮辱。这个，我绝不能允许。

"孩子们，我们都回到座位上。"我让孩子们回到自己的座位上，然后严肃地对他们说，"我们应该尊重每一个人，只有会尊重别人的人才会受到别人的尊重。"就这个话题我给孩子们讲了一些小故事。通过这些故事，我让孩子们懂得了尊重他人，不嘲笑有缺陷的孩子。

其他的老师都说这样的孩子无可救药，来学校看着别出事就行，闲事管多了只会让自己更累。我不以为然。我单独见了英敏，把他约在了学校的音乐器材室。我对他说："老师今年刚毕业，刚从学生变成老师，有很多不适应，老师不知道学生会什么，更不知道学生会想什么。老师见到你之后，觉得你会帮助老师的。"

英敏"嘿嘿嘿"一笑，口水嘟噜流了出来，什么也没说。

我连忙从口袋里拿出手帕纸，递给他，"擦掉，孩子，没事儿，擦掉就好了。"

他一动也不动，我拿起另一张纸伸手帮他擦掉。

他有些不好意思。"老师（xi）——"口水嘟噜一下流了出来。

我把整包手帕纸给了他，"拿着吧，孩子，流出来擦掉就好。"

"你会写名字吗？"我轻声问道。他摇了摇头。"没事儿，这几天呢，你就先学写你的名字，好不好？每个人都得会写自己的名字，会写自己的名字，出门就丢不了。"我半开玩笑地对他说。他眼中有些异样的光芒，使劲点点头。看来，这个孩子不是无可救药，他也有求知的诉求。我握着他的手一笔一画地教他写名字。也许他好多天没有洗澡的缘故，身上一股难闻的气味。他到底生活在一个怎样的家庭呢？孩子难道没人管吗？教了半个小时，他仍旧没学会。但我还是告诉他："真不错，孩子，你今天刚开始的时候拿着笔手都发抖，最后不发抖了。我相信，过不了几天，你一定会写自己的名字的。"我让他走了。

放学后，我留下了班上的几个班干部，他们是整个班级的司令部，一定要先做通他们的工作。"今天，很多同学带头起哄笑话英敏，你们都看到了吧？"我一脸严肃，他们几个不好意思地低下了头。

"现在呢，我不批评任何人，因为大家可能都没有意识到。他生来就有缺陷，不同于常人，生活上有很多的不便，已经很不幸了，你们如果再笑话他，不就是等于在他伤口上撒盐吗？"我力求通过激起孩子们的同情心打动他们，让他们意识到自己的过错。班干部都是一些懂事的孩子，理解能力强，听我这样一说，脸都红了。

"没事儿，孩子们，老师不批评大家，其实，社会上有很多这样有缺陷的人，他们受到大家的帮助，也能生活得很好。咱们能不能帮帮英敏，让他也能适应这个社会。"听我这么一说，他们都抬起了头，"我愿意。"听到孩子们这样一说，我放心了，决定实施我的计划。

"孩子们，英敏的程度今天我已经大体了解了，确实接受太慢，所以学习肯定是难有起色了，但我想要他能够融入生活，融入社会。我想让他认识颜色、方位，能够数到 20，会表达自己的想法，会认识一些简单的汉字。认字这个老师负责，其他的，老师想交给你们，你们可以在下课玩的时候顺便提一提，或者通过游戏方式也行，总之要让他学会。你们有困难吗？"

"没有。"孩子们异口同声。

"不仅仅是你们，我想发动全班同学帮助他，但发动学生这件事情老师不能当着英敏的面做。所以，请你们利用课余时间和同学们说这件事，并做通他们的工作。"我担心在全班面前说这件事，英敏会觉得没面子，所以请班干部做其他学生的工作。

班干部走后，我回家吃了晚饭，去了英敏家。英敏家和我家是邻村，父母是一般农民，谈不上富裕，也谈不上贫穷。母亲挺健谈，和我说了许多心里话，说是孩子从小就这样，检查出结果之后，他们就放弃了，觉得没什么指望了，后来又生了一个女儿，女儿聪明伶俐，一家人把希望全都放在女儿的身上，也就忽略了他。我把我们制订的计划告诉了她，希望她能配合我们，让孩子能够和同龄人融到一块儿，将来能够独立生活。英敏的母亲是万分感激，说自己都没想过要帮助儿子学会独立生活、融入社会，没想到老师这么对待自己的孩子，当即表示，全力配合我的工作，并一再保证，每周到学校一次。

对原来一无所知的英敏来说，要教会他任何一样东西，都不是一件容易的事情。每天都有孩子抱怨，我都会安慰他们，教他们要耐心。其实，我何尝不是，他的名字学了 46 天才学会，我都快疯了。但想着孩子们都在坚持着，我不能打退堂鼓，闭一下眼睛，依旧笑脸对着英敏，"来，我们再来一次。"用手在本上写，用脚在学校土地上写，各种方法，各种手段。当终于写成名字时，他高兴得在班上又叫又跳："我写成了，我写成了！"我和孩子们把掌声送给了他，他高兴得连口水都忘记擦，同学们更是哄然大笑，但这时孩子们的笑已经没有了嘲笑，更多的是鼓励。借着这股劲儿，我给孩子们讲了张海迪、霍金的故事，让孩子们从中知道对待困难要有勇气，要知难而进。不知道英敏听懂了没有，但此后的课堂中，他一直都是非常认真。我教他写字、认字，他都非常认真，尽管认得不多，但很努力。

经过一学年的努力，我们终于让英敏融入集体中，下课也能看见他和同学们一起笨拙玩乐。

"老师（xi），这是你儿子（ji）？"英敏的提问把我从回忆中拉了出来。这时的英敏已经长成小伙子了，至少要有 1.75 米以上吧，穿得很干净，口水没了，鼻涕也没了，理着利索的小平头。

"是我儿子，叫天天。"我笑着说。看着英敏这个样子，我很是欣慰，他已经成为一个社会人了。

"你等等，老师（xi）。"英敏跑着进了旁边的商店，一会儿出来了，拿了一把糖，塞给我，"老师（xi），让天天吃。"我剥开糖纸给了儿子，儿子吃了起来……

当天使折断翅膀的时候，他也想要飞起来，想要离开原地，去寻找新的属于自己的生活。作为老师，我们不能只看到学生的成绩，更要关注孩子需要什么，然后加以引导，这样我们的天使才能有勇气走下去，融入生活中。老师们，让我们为折翅的天使打开生活的大门吧！

（作者单位：新郑市孟庄镇孟庄完全小学）

德润吾"生"

王佩娟

如果每一个孩子都是一块小小的顽石，愿每一位教师都能以高尚的师德去琢磨他，使他逐渐成器，去温润他，让他更加润泽。作为"雕刻匠"，我们默默无语，全心全意。

在南阳路第二小学的校园里，有一个小花园，四四方方，格外精巧。园子里种着各种各样的花草，每到春天，各色的花开了，引得很多孩子和老师驻足观赏。园丁陈老师起早贪黑，总在园子里低头忙碌，他直起腰时，如果正好有人品评，就会露出心满意足的笑容。

这笑容多熟悉啊！我的孩子们也让我拥有过这样的笑容，让我感受到过这份耕耘后收获的喜悦，这份辛苦培育后的充实，这种感受生命成长的满足！

五年级时，班里转来了一个叫小鹏的学生。在和家长沟通中得知，他父亲与母亲在他很小时离异后分别再婚，使这个孩子内心世界受到了极大的伤害，他甚至恨他的父亲和继母。我进一步观察发现，在学校他从不和其他同学、老师说话，对谁都充满了敌意。就是这样一个冷漠、孤独的孩子，曾经几天几夜不回家和家长抗衡，他的父亲早已失去了对他教育的信心。家庭教育的缺失使他封闭自我，对任何人都充满敌意。在我眼里他就像一只可怜的小刺猬，小心翼翼地维护着自己的尊严。

为了更好地帮助这个孩子，为了能让他尽快走出阴影，走出敌对情绪，我找来了大量的心理辅导书籍，咨询了专业的心理辅导师，对应他的情况寻找办法。我开始寻找合适的机会，同时观察他的言行，找到教育的切入点。有一次他闹情绪，圆瞪着眼，伸着脖子对好心来接他的父亲大声喊："我不回去，跟那个人没什么说的，看见就烦，不回，就是不回！"没几句，两个人就吵起来。他父亲干脆头也不回地走了。我默默地收拾起他扔下的书包，为他擦去满脸淌着的泪水，拉他回到学校。我没有说话，只是安静地看着他，等他发泄情绪后，才慢慢引导他说出刚才发脾气的原因。我诚恳地说出了自己的看法，孩子慢慢冷静下来。之后，给家长做工作。在我的协调下，父子之间紧张的关系得到缓解，我也得到了孩子最大程度的信任。

但他还是拒绝与同学们沟通。为了走进他的内心世界，开始我采用每天给他写一封短信的方法，这样既规避了正面交流中孩子的抵触心理，保护他的自尊心，同时又达到了交流的目的。在信中我了解到，他孤独冷漠的背后其实也有与同龄人一样的天真与热情，他特别渴望温暖的家庭生活。为了给予他更多的温暖，我在积极帮助他的同时，也号召同学们关心他。他的每一点进步、每一次可贵的尝试，同学们都会以自觉的掌声鼓励他。当我再次看到他充满感激与信任的目光时，我感到由衷的高兴！

孩子对我的信任是对我最大的安慰。经过跟家长多次沟通，在临近毕业考试的几天里，孩子的生母来到他的身边陪伴他，稳定他的情绪，使他顺利通过了六年级毕业考试。考试那天早上，妈妈在门口，一只手拿着豆浆，另一只手拿着油条正在喂他，孩子看着妈妈，微微地笑着……这个温馨幸福的画面那么真切，至今都刻在我的脑海。

王静安在《人间词话》中说："古今之成大事业、大学问者必经过三种之境界：'昨夜西风凋碧树，独上高楼，望断天涯路。'此第一境也。

'衣带渐宽终不悔，为伊消得人憔悴。'此第二境也。'众里寻他千百度，蓦然回首，那人却在灯火阑珊处'。此第三境也。"在工作中，我也曾经历过"望断天涯路"的迷茫与等待，最终走出困惑，找到了属于自己的道路。在这条路上，我希望自己能拿出"衣带渐宽终不悔"的精神来做学问、为师表。在涵养自己的德行中，我相信自己最终会收获"那人却在灯火阑珊处"的成功与幸福。

愿这一园的花草，在园丁的辛勤劳作下，慢慢生根，开花，结出属于自己的、最好的果实！

（作者单位：郑州市金水区南阳路第二小学）

静等花开

杜 琳

2013 年 9 月，又是一个开学季。这一年我再次走上小学一年级语文教学一线的岗位，似乎一切都将是正常的。在新生还没有走进校门的时候，王校长找我谈话了，内容是接上面的通知，从今年 9 月开始凡在所属辖区内的自闭症孩子都要随班就读，今年就有一个这样的孩子要来我们学校上学，安排在我们班，校长简单向我介绍了孩子的情况：他叫小铮，今年 8 岁。我没有拒绝，很爽快地答应下来，心想，自闭症儿童就自闭症儿童呗，反正又不差多收这一个，还很期待小铮同学的到来。

校领导让我在中秋节前把刚刚入校的 60 多个新生管理到位，等各方面都走上正轨了再让小铮来上课。这期间我上网查阅了许多有关自闭症儿童的资料，做了初步了解。真是隔行如隔山，原来这样的孩子还真不少，男孩多于女孩，有的孩子在婴幼儿期就能发现。我们班的小铮会是怎样的呢？带着种种的好奇和疑问，我终于见到了小铮同学。那是中秋节前夕，教导主任让我去她办公室见见小铮和他姥姥。我很高兴地走进主任办公室，赫然看见一个孩子很随意地坐在沙发上，主任为我们互相介绍了一下，我赶紧和孩子打招呼："你好，小铮。我是杜老师，很高兴认识你！"小铮姥姥很有礼貌地让小铮跟我打招呼，我微笑地看着这个胖乎乎的小男孩儿，毫无防备，万万没想到他站起来猛地推了我一下，我没站稳，往后轻轻退了两步，高兴的心情猛地跌至冰点。这或许就是自闭症儿童和他人交往的方式。走出主任办公室的那一瞬间我有了这样的决心：多和小铮接触，帮助他成长。

接下来的日子过得飞快，转眼间就到了小铮来上学的日子。根据他目前的情况，姥姥必须做每天的陪读工作。我清楚地记得小铮和他姥姥第一次来我们班的情景。我很自然地告诉和我朝夕相处的孩子们："今天，我们班来了一位新同学，他叫小铮，大家鼓掌欢迎！"一双双天真的小眼睛高兴地看着小铮。"希望我们班的每一个同学都能和小铮团结友爱，帮助他学习成长。"

记得那天是周三，也是我课程比较多的一天。早上 7：40 多，在孩子们朗朗的读书声中小铮猛然进来，姥姥跟在后面。他进来后一声尖叫瞬间打破了有节奏的背书声，接着，他走到自己的座位上看着读书的孩子们，姥姥帮他拿出了古诗书……姥姥跟着全班背起古诗来，这是姥姥在给小铮做榜样。姥姥跟我说过："杜老师，没事，上课起立时你还是让我也跟同学们一起站起来吧，我这也是在给小铮做榜样，他看我这样做了也会跟着做的。"简短的一句话，一下子倒出了姥姥的用心良苦，多少年如一日，所有的任务都压在姥姥身上。第一节语文课刚上课没多久小铮就开始偶尔大叫，双手在桌上不停乱抖。

第二节数学课，我没离开教室，坐在最后一排特教老师申老师的旁边，观察小铮上课的情况。刚开始还好，他能静下来，时间长了，就坚持不住了，自言自语，双手不停抖动，还伴有叫声。数学老师心态很好地按部就班讲课。小铮叫声稍大了点儿，申老师就对他轻轻地做了一个"嘘"的手势，似乎看懂意思的小铮立马就静下来了。我为孩子的表现稍感欣慰。课程接近尾声的时候，老师布置了习题，孩子们不由分说地埋头写起来，姥姥的右手握着小铮的右手也写了起来，这时的小铮是不看题的，眼睛毫无目的地注视着教室的其他地方。尽管这样，姥姥仍旧不厌其烦地说："小铮，看这道题……"

接下来的美术课是上午最后一节课了，我仍旧坐在教室的最后面。小铮在老师发的绘画纸上随心所欲地画着，毫无目标，东一条线，西一条线的，时间一长，没有了耐性，又开始叫起来。申老师开始让小铮撕纸，大的撕成小的，小的撕成更小的，以此来稳定他的情绪。时间就在他不停地撕纸中一分一秒地过去。

午读时间，我和孩子们正坐在教室里静静地看书，小铮再一次像早读时那样走进教室。下午第一节的语文课，我开始教写生字，当让孩子们练习写字的时候，姥姥再一次握着小铮的手开始写字，我走下讲台一一巡视，每当走到小铮的位置，就能听到姥姥苦口婆心的话语："小铮，看这儿，横竖……"我觉得小铮姥姥付出的真是太多了，我再次被姥姥的行为感动了。其实，姥姥的不放弃，不抛弃，就是在诠释着静等花开的道理。孩子，毕竟是孩子，怎能说不管就不管了呢？

这一天仅仅是这一年来的缩影，我很想为孩子做点什么，但也知道这事急不得，要有更多的耐心和恒心。姥姥的付出和校领导的话语时刻鞭策着我，我会以更加饱满的热情和科学的方法走进孩子的内心世界，静等花开，并始终坚信花一定会开。

（作者单位：郑州市中原区外国语小学）

孩子展开你天使的翅膀

陈　茜

鸟儿展翅飞翔，是天空给予了它宽广的胸怀；帆船在大海航行，是远处的灯塔指引了它方向；向日葵迎着太阳生长，是阳光滋养了它的饱满；校园里的孩子微笑成长，又需要什么呢？

记得初进校园时，我常常想：作为教师的我，怎样做个好教师，让我的学生快乐学习、健康成长呢？偶然的机会看到苏霍姆林斯基的一句话："教育技巧的全部奥秘也就在于如何爱护儿童。"的确，教师这个特殊的行业，技巧固然重要，但是比技巧更重要的是对学生的爱。我们对学生的爱，就像天空对鸟儿的那份宽容、灯塔对帆船的那份指引、阳光对向日葵的那种力量的支持。

四年的教学之路只是漫长道路的一个起点，回忆这四年的点滴，最为难忘的还是那个炎热的中午……

我所在的学校是城乡接合部，学生要么是本地都市村庄的孩子，要么是外来务工人员子女，前者的家庭因为拆迁赔偿生活安逸，后者的家庭普遍过得艰辛，可不论哪方的家长，对孩子的心灵教育都有所忽视。那天中午放学之后正准备去吃饭，几个孩子跑过来说："老师老师，小涛在厕所里打小成了，还扇了他一巴掌！"我赶紧跑向后操场，看见小涛正气势汹汹地走着，我拦住他，想把他叫进办公室，可是他竟然一把推开了我，执意要回家。我很吃惊，四年级的孩子怎么能如此暴躁？我硬是把他拉进了办公室，他更加不安了，狂躁得像只野兽，高喊着："你不让我走，我就撞墙！"说着，头猛地撞向墙去。我当时真的惊呆了，不知道如何控制这个10岁的男孩，只好妥协："你想回家可以，但是这么晚了我要送你回家。"他提出条件："只能送到路口！"送他回家后，我的心久久不能平静：他为什么会如此可怕？回到学校，我打开了班级的信息统计表，想和他的家人沟通一下，突然发现"父亲"一栏的信息有涂改的痕迹，脏兮兮的，这让我心生疑问。我决定先向学校的其他老师和班里的孩子们了解一下情况。打听之后我才知道，小涛的爸爸在他7岁那年因为车祸去世了，妈妈独自抚养他和姐姐两个孩子，他的妈妈是很要强的人，总怕有人欺负年幼的小涛，就给他灌输了一种可怕的观念："有人欺负你就打他。"这一天天的成长积累让小涛的脾气越来越暴躁，手段也越来越可怕。

那天下午，小涛来到学校，像往常一样趴在桌子上，仿佛他的世界只有他自己。我赶紧找来另一个当事人小成，这个孩子一五一十地把事情的经过告诉了我。原来数学老师要检查数学练习册，小涛没有写，就准备借小成的抄抄，小成是耿直的孩子，不仅不借，还说要告诉老师，这可惹恼了小涛。中午放学之后，小涛拿起小成的练习册径直走向厕所，小成紧追过去。厕所里他们又一次争吵，小涛就开始撕练习册，这下激怒了小成，他就推了小涛。你来我往，个子高大的小涛占了上风，愤怒的他竟然扇了小成。小成这孩子本来就内向，哭得不成样子，我抚摸着他的头，坚定地告诉他："放心，老师一定为你打抱不平。"要处理这件事，我不想一笔带过，我要走进小涛内心。

小涛这孩子，把自己关在自己的世界，学习不好，也不愿上进，唯一的爱好就是篮球。篮球？我虽然是教语文的女老师，但是大学时我可是学校篮球队的主力队员，我决定让篮球拉近我们的距离。周三的体育课，我换上运动鞋，拿着篮球到操场上。一大群"粉丝"被吸引过来，可是我的"主角"却远远地看着我们。我提议来场篮球赛，分组的时候我故意喊着："少一个人啊，谁加入？"一群孩子寻觅着，我向小涛挥挥手，"来啊，小涛，听说你打得不错，快来！"他渴望的眼神中又有些担忧，可能是怕同学们不接受他。我兴冲冲地拉他过来说："我要和小涛一组，谁加入啊？"这可热闹了，孩子们都是挤破头想加入，最后好不容易才分好组开始比赛。比赛中，我的技术自然让小学生们折服，但是我更多传球给我的队友们，特别是小涛，当他进球时，我就带着队员们高喊"漂亮！"。他的脸上总会呈现着腼腆的开心。这场被我设计的球赛，孩子们玩得很开心，我也有了收获。之后的语文课上，只要小涛坐得直，听得认真，我就给予他鼓励、肯定的眼神。当然我还会偶尔扮演篮球比赛中队友的角色。渐渐地，我和小涛默契起来，亦师亦友，我想是时候让他敞开心扉了。

一天中午，我把他请到办公室，翻开他的默写本，从第一页慢慢向后翻，错误越来越少，直到看到了一个 100 分才停下。我微笑着看他，那孩子不好意思地笑了，挠挠头皮说："老师，我也不知道怎么回事，原来我就是学不好，现在觉得语文也没有那么难，嘿嘿。"我笑着说："那是因为我这个老师的魔力，我现在想在你身上施一些魔法，你愿意吗？""什么魔法，老师？"他迫不及待了。我说："我要让你成长为一个满分男孩。不要用拳头解决问题，而是试着用双手帮助别人；不要冷落身边的同学、朋友，从现在开始常常给他们微笑；不去想不劳而获，而是脚踏实地做好每一件事。按我说的去做，学期末我们看看魔法能否应验？"小涛听得很认真，他点点头。之后我又和他的妈妈取得联系，告诉她小涛的进步以及我的想法，她惊讶之余满是感动，我们决定一起重塑这个孩子。

时间无声息地走着，小涛的改变却是巨大的。那个挥拳怒吼的他不在了，总是微笑待人；那个不思进取的他不在了，总能看到他专注的神情；那个内心胆怯的他不见了，会像男子汉一般懂得担当……我很庆幸班里的其他孩子像天使一样，能读懂我的心，和我一起呵护这个受伤的孩子。我总会问自己，教育是什么？其实就是教师在用自己心中的太阳照亮孩子的心灵，与孩子们一起逐渐成长。

每一个孩子都是落入凡间的天使，他们的羽翼未丰。很庆幸自己是老师，能结缘很多孩子，用自己的爱教会他们真、善、美，帮助他们展开自己天使的翅膀。

（作者单位：郑州市管城回族区十八里河镇中心小学）

图书在版编目（CIP）数据

培育有灵魂的学生/毛杰主编. —济南:山东文艺出版社,
2015.6
ISBN 978 - 7 - 5329 - 4581 - 8

Ⅰ.①培… Ⅱ.①毛… Ⅲ.①中小学—教学研究
Ⅳ.①G632.0

中国版本图书馆 CIP 数据核字(2014)第 115489 号

培育有灵魂的学生

毛杰　主编

主管部门	山东出版传媒股份有限公司	
出版发行	山东文艺出版社	
社　　址	山东省济南市英雄山路 189 号	
邮　　编	250002	
网　　址	www. sdwypress. com	
读者服务	0531 - 82098776(总编室)	
	0531 - 82098775(市场营销部)	
电子邮箱	sdwy@ sdpress. com. cn	
印　　刷	山东德州新华印务有限责任公司	
开　　本	710 毫米 ×1000 毫米　1/16	
印　　张	17　插页/2	
字　　数	200 千字	
版　　次	2015 年 6 月第 1 版	
印　　次	2015 年 6 月第 1 次印刷	
书　　号	ISBN 978 - 7 - 5329 - 4581 - 8	
定　　价	32.00 元	

教育
发现